すべての子どもを探究の主人公にする

本音で語り合うクラスづくり

新潟市立小針小学校教諭
小川雅裕

東洋館出版社

はじめに

「子どもたちと一緒に心が震えるような最高の体験をしたい」

これが、私の教師としての原動力です。そんな最高の体験を実現する一つの学びのフィールドとして、総合的な学習の時間を中核として、子どもたちと向き合い、授業を共につくってきました。横浜の小学校から故郷の新潟に戻った現在も、地域参画をキーワードに子どもたちと試行錯誤しながら学びをつくっている真っ最中です。

これまでに学んできた授業づくりのポイントを拙著『授業のビジョン』（東洋館出版社）でまとめる機会をいただき、主に総合的な学習の時間における「探究的な学習」のポイントを整理しました。これまでの実践を俯瞰し、試行錯誤しながら続けてきたことを振り返ってみて、改めて、強く実感していることがあります。それは、「授業づくり」とは、確かな「クラスづくり」をベースとして成り立っているということです。

研究授業等で優れた授業を見た際に、「そもそもなんでこのクラスの子どもたちはこんなにも自信をもって意見を相手に伝え、それを聞いた仲間たちは温かく受け入れることができるのだろう？」という疑問をもったことはないでしょうか。研究会では、授業については質問できても、こうした「そもそも」の部分は、なかなか尋ねる機会はありません。また、優れた指導案や同僚や先輩から授業の流れを学び、そのとおりに自分のクラスでやってみたけれども、同じような展開にならない。教師をしている方なら、誰しも似たような経験をしたことがあると思います。至極当然なことではありますが、それぞれのクラスは個性豊かなメンバーで構成されていて、同じクラスなど一つとして存在しません。クラスを構成するメンバーが異なれば、話し合いの仕方、個々の関係性、子どもたちが大切にしている目標や価値観も異なります。クラスがもつ風土や雰囲気によって、授業における話し合いの様相は大きく異なってくるのです。

では、どのようなクラスを子どもたちとつくっていけばよいのか？

これまでの自分の実践や授業を見せていただいた経験から、どうやら「**お互いに本音で語り合うことができるクラス**」において、確かな授業が展開されることにより、子どもたちの質の高い学びが期待できることが見えてきました。

そこで本書では、授業づくりの土台となる「クラスづくり」に焦点を当てて、どうして

「本音」が必要なのか、そしてどのように子どもたちと共に「本音」を出し合うことができるクラスをつくっていくのかを考えていきたいと思います。

まず第1章では、資質・能力を育む基盤としての「安心して本音を言い合える力」や「対話における本音の役割」について考えていきます。次の第2章では、「本音」で語り合うことができるクラスでは、どのようなルールが共有されていて、どのように個々が信頼関係を築き、どのように共通の課題や目標を設定しているのかを明らかにしていきます。最終章の第3章では、子どもたちとつくってきた基盤の上で、どのような学習活動を展開することが、子どもたちに期待される資質・能力を育むことにつながるのか、「本音」で深める「探究的な学習」の実際について考察していきます。

「クラスづくり」と「授業づくり」をともに磨き上げ、その両方が結実した先にこそ、子どもたちとの「心が震えるような最高の体験」が待っていると信じています。本書が、明日のクラスにおける子どもたちの本物のつながり、本物の感動、本物の学びに役立ち、クラスでの最高の体験を生み出す一粒のきっかけとなることを願っています。

目次

はじめに 001

第1章 「本音」で語り合えるクラス 007

本音から、本質に迫る子どもたち 008
資質・能力を育む基盤としての「安心して本音を言い合える力」 013
対話における本音の役割 020

第2章 「本音」で語り合うクラスを支える三つのキーワード 033

話し合いの「方法・ルール」を共有する 037
「個性」を理解し合う 114
「課題の明確化」と「願いの共有」をする 141

本音で語り合えるクラスづくりのキーワード 168

第3章 「本音」で深める探究的な学習 171

今、どうして探究なのか？ 172
探究のプロセスを質的に高め、本音で語り合う授業づくり 185
課題の設定 188
情報の収集 202
整理・分析 217
まとめ・表現 276
文字で本音を伝え合うこと 282

引用・参考文献 287
おわりに 291

第1章 「本音」で語り合えるクラス

本音から、本質に迫る子どもたち

「ちょっと、今の段階で言うことじゃないかもしれないんですが、ぼくは米粉パンにさつまいもは入れない方がいいと思い始めています……」

「ん？　それって、何も入れないってこと？」

「えっ、でもパン屋さんにここまで作ってもらっているのに」

「今まで、せっかく話し合ってきたことは、どうなるの？」


これは、5年生の総合的な学習の時間における、ある男の子の発言から起きた一連のやりとりです。この年の総合的な学習の時間では、お米の消費量を伸ばすということを目指して、地元のパン屋さんと米粉パンを共同開発してきました。商品開発に関わる話し合いの過程で子どもたちは、地域の特産物であるさつまいもを米粉パンに入れることにしました。

　この時間では、パン屋さんが作ってくれた試作品を試食した経験をもとにして改善点を話し合っていました。さつまいもの量、入れ方、パンの形について検討していた最中のこの発言です。話し合いに参加していたクラスのみんなは、当然この発言に驚きを隠すことができない様子でした。私が、

「どうして入れない方がいいと思ったの？」

と聞いてみました。すると、

「ぼくたちのそもそもの目標はお米の消費量を上げることだったはずです。それなのに、米粉パンにさつまいもを入れるということがなんだか違う気がしてきて……」

　すかさず、私が、

「えっ、どういうこと？　もう少し詳しく教えてもらってもいい？」と聞くと、

「さつまいもを入れることで、それが主役になってしまっていると食べてみて分かりました。そうなると、米粉本来の味や香りが伝わらなくなっちゃう。ぼくは、米粉の特徴がしっかり伝わることが大事だと思っているんです」

改めて、「ねぇみんなはどう思う？」と、全体に問いかけます。すると、

「正直、今さらって思いもあるけれど」

「だけど、〇〇君の迷いもよく分かる気もする」

「最初に自分たちで決めた目標を思い出すと、さつまいもを入れないという考えも分かる」

「確かに、さつまいもの味は相当主張しているよね」

「やっぱり、みんなが納得して進んでいきたい」

「納得するまで話し合う必要がありそう」


ここから「米粉パンにさつまいもを入れるべきか？」という話し合いが勢いよくスタートしました。さて、この話し合いの結果はどうなったのか。結果としては、話し合う前と変わらず、さつまいもを入れることとなりました。では、この話し合いに意味はなかったのでしょうか？　この話し合いの意味を考えるための手がかりとして、クラスのある二人の振り返りを紹介したいと思います。（※丸括弧内は筆者）

私は、何も入れないパンより味がついているパンの方がおいしくて、たくさん売れると思ったので入れるべきだと思っていました。そして、せっかく米粉パンに入れるなら、西区（※新潟市）に関係のあるさつまいもがいいなと考えていました。だけど、今日の話し合いで改めてさつまいもを使う意味が分かってきました。さつまいもを使うことで、西区が抱えている耕作放棄地の問題にも役に立つ商品になるんだということです。おいしさもアップして、米粉の消費量だけではなく、さらに西区の農業の役に立つ商品になるんだから、やっぱり入れるべきだと思いました。

今日の話し合いをしてみて、耕作放棄地の問題の解決にもつながるから、さつまいもは入れるべきだと思います。だけど、米粉そのものの魅力も伝わってほしいという思いもよく分かります。だから、実際に〇〇（※パン屋の店名）でもやっているように、店内のポップやポスターでしっかりと米粉を使っていることや食感を伝える必要があると思いました。

一つ目の振り返りからは、子どもたちが自分たちの活動の**意味や価値の問い直し**を行っていたことが分かります。なんとなくよいだろうと思って行っていた「さつまいもを入れる」という行為の意味が、対話を通してはっきりとしてきていることが分かります。さらには、「米の消費量を増やす」という目標から、「西区の農業の活性化」というように**活動目標の拡張**さえも成し遂げてしまったのです。

次に、二つ目の振り返りからは、さつまいもを入れる意味を十分に理解しつつも、米粉の魅力を伝えることでお米の消費量を増やすという本来の目標を忘れずに大切にしたい、という思いが伝わってきます。米粉の特徴を消費者に伝えるために**新たな活動のアイディア**までもが生み出されたことが読み取れます。

このように自分たちの活動の目標を見直したり、新たな価値を見出したりすることこそが学びの本質と捉えるのであれば、その本質に迫るきっかけこそが、一人の男の子の「**ちょっと、今の段階で言うことじゃないかもしれないんですが**」という言葉で始まった「**本音**」であると言えます。

資質・能力を育む基盤としての「安心して本音を言い合える力」

授業において、ある子どもの「本音」から、追究すべき課題がはっきりと具現化され、クラス内の対話によって学びが深まっていく様子を紹介しました。次に、本書の最大のキーワードである「本音」と資質・能力との関わりについて考えてみたいと思います。

小学校で全面実施となった新学習指導要領で目指すものは資質・能力の育成です。今回の学習指導要領では、資質・能力の考え方を「三つの柱」に整理しています（2016年12月21日、中央教育審議会答申「幼稚園、小学校、中学校、高等学校及び特別支援学校の学習指導要領等の改善及び必要な方策等について」〔以下、「答申」〕28－30ページ）。

①何を理解しているか、何ができるか（生きて働く「知識・技能」の習得）

②理解していること・できることをどう使うか（未知の状況にも対応できる「思考力・判断力・表現力等」の育成）
③どのように社会・世界と関わり、よりよい人生を送るか（学びを人生や社会に生かそうとする「学びに向かう力・人間性等」の涵《かん》養）

さらに、三つの柱の関わりについては、「資質・能力は相互に関連しており、例えば、習得・活用・探究のプロセスにおいては、習得された知識・技能が思考・判断・表現において活用されるという一方通行の関係ではなく、思考・判断・表現を経て知識・技能が生きて働くものとして習得されたり、思考・判断・表現の中で知識・技能が更新されたりすることなども含む」（「答申」補足資料12ページ）というように、それぞれの柱の関連についても解説されています。

教師にとって重要なことは、目の前の子どもの姿として具体的にこれらをイメージできることだと思います。そこで、私は資質・能力とは、**他者と協働しながら主体的に問題解決できる力**と捉えるようにしています。問題解決の具体的な場面を想起することによって、子どもたちが場面に応じて、資質・能力を発揮している姿をイメージすることが可能となります。

併せて、資質・能力を確かに育むために、「主体的・対話的で深い学び」が授業改善の視点として示されました。「答申」50ページでは、「三つの視点は、子供の学びの過程としては一体として実現されるものであり、また、それぞれ相互に影響し合うものでもあるが、学びの本質として重要な点を異なる側面から捉えたものであり（後略）」と、説明されています。このように三つの視点は、子どもが学ぶ姿を異なる角度から分析したもので、どれも重要な視点であることは明らかです。

この三つの視点の中で「本音」が大きく関わってくるのは、「対話的な学び」の視点と言えます。「対話的な学び」の視点とは、「答申」50ページにおいては「子供同士の協働、教職員や地域の人との対話、先哲の考え方を手掛かりに考えること等を通じ、自己の考えを広げ深める」学びであると示されています。併せて、「身に付けた知識や技能を定着させるとともに、物事の多面的で深い理解に至るためには、多様な表現を通じて、教職員と子供や、子供同士が対話し、それによって思考を広げ深めていくことが求められる」と解説されています。「**思考を広げ深める対話**」とは、どのようなものなのでしょうか。

私は、「思考を広げ深める対話」には、次のような性質があると考えています。

①自分の考えを整理して表出する
②他者（友達）の考えを取り入れる
③自分と他者の考えを比較、統合して結論を導き出す

このような対話においては、音声言語または文字言語でお互いの考えを豊かに交換することによって、物事を多面的に理解したり、**知識が相互に関連付けられて**より深く理解したりすることが期待できます。こうした学びこそが「深い学び」と呼ばれています。

深い学びについては、田村（２０１８）が著書『深い学び』で、個別の知識が相互に結び付き概念化されている状態であり、それらは「知識が駆動する状態」であるというように表現しています。個別の知識が構造化され、概念化された知識となることで、複雑化した問題を目の前にしても自由自在に使いこなせるようになることが、深い学びの姿だと捉えることができます。

また、田村（２０１５）は、このように知識がネットワーク化していく上で、欠かすこ

とのできないプロセスとして、音声言語を用いた交流（インタラクション）を挙げています。

個人で集められる情報や考えられる範囲には限界があります。現に、私たちは問題解決の方法について悩み、新たな立場からの示唆がほしい場合、他者の意見を求め、その上で自分の考えを再構築しようとします。みなさんにも、自分の考えを他者に伝え、他者の意見や指摘を聞くことで、一気に自分の考えが広まったり、思いもよらない気付きが生まれたりした経験があるはずです。故に、一人きりで考え込んで問題状況を打破しようとするよりも、**複数のメンバーとの対話によってブレークスルーが起こる可能性**を格段に上げることができることは想像に難くありません。

では、授業に話を戻したときに、「対話的な学び」で大切にすべきポイントとは何か。教師や友達と話し合う機会をただ設ければ対話は成立するのか？　答えは否です。

しっかりと司会も決めて、進行の原稿も手渡して、話す人の順番も決めた上で、「では、○○について話し合ってみましょう」と話し合いをスタートします。話し合いの手順もしつかりと伝えたはずなのに、子どもたちは一通り自分の考えを順番に話してクラスに静けさが訪れる。

私自身、「対話」と呼ぶにはほど遠い、「発表会」と呼ぶことがふさわしいような話し合いを何度も行ってきました。対話的な学びでは、音声言語あるいは文字言語を用いて他者との情報のやりとりを確実に行う必要があります。しかし、この確実な情報のやりとりは自然にはなかなか起こり得ないし、ましてや授業で実現することは難しいものなのです。

「一方向の子どもの発表で終わりではなく、子どもの双方向の意見のやりとりがある授業を目指したい」

教室で授業を行う多くの教師の願いだと思います。

個々の考えを伝えて終わり、という一方向的な情報の伝達ではなく、相手の考えについて自分の捉え方を伝える、さらにその考えについて自分の意見を伝える、そうしてその場・そのときの問題状況における最適な解決策を選び取っていく。このように**お互いの価値観を交流して、新たな価値を生み出していくやりとりこそ「対話」と呼ぶ**ことができます。では、発表会形式の話し合いを超えて、対話としていくために必要なものとは何か。

まさにその基盤となりうる力こそが、「安心して本音を言い合える力」なのです。

一方向の発表から双方向の価値観の伝え合いへと子どもたちが「対話モード」に入っていくための引き金が「本音」だと言えます。

対話における本音の役割

対話の引き金としての本音

「自明とされてきた事実は本当なのか」〈違和感〉
「本当に選ぶべきなのはどちらなんだろう」〈疑問〉
「もう一度考え直す必要があるかもしれない」〈使命感〉

授業におけるこのような〈違和感〉や〈疑問〉、〈使命感〉は、個人の「本音」をきっかけとして、表出されていくことが多いと感じています。冒頭で紹介した総合的な学習の時間の授業においては、「米粉パンにさつまいもは入れない方がいいと思う」という本音から、「あれっ、このまま商品化してしまっていいのだろうか」という疑問が生まれ、本質に迫る対話がスタートしました。分析的に表してみると、

①個人の素朴な思いが本音として表出される
②他者が本音を聞き、受け止める（解釈する）
③本音から引き起こされた違和感や疑問が、敬意をもって意見として自由に交換される
④その場に参加する者の共通の課題が言語化され、教師によって示される

このような過程を通して、直感的に「**どうやらこの課題については、話し合う必要があるぞ、自分たちにとって意味がありそうだ、よしっ、話し合おうじゃないか！**」と、対話がスタートしていきます。決して、順序はいつもこのとおりとは限りませんが、本音を引き金として、このような思考や感情が瞬時に引き起こされた結果、子どもたち自身が対話を始める瞬間を、授業というライブの場で何度も目の当たりにしてきました。

こうした対話は、教師に「この課題について、一生懸命話し合いましょう。きっと、大

切な意味があるから。さぁ、始めよう」と言われて行う話し合いとは、動機付けだけを比べても雲泥の差があることは明らかです。

価値観のやりとりを支える本音

「正直、今さらって思いもあるけれど」
「だけど、○○君の迷いもよく分かる気もする」
「最初に自分たちで決めた目標を思い出すと、さつまいもを入れないという考えも分かる」
「確かに、さつまいもの味は相当主張しているよね」
「やっぱり、みんなが納得して進んでいきたい」
「納得するまで話し合う必要がありそう」

これらの発言は、「さつまいもを入れない」という考えに対する、「自分の捉え方」を伝えていると言っていいでしょう。

「平成29年改訂小学校学習指導要領英訳版（仮訳）」において、「主体的・対話的で深い学び」は proactive, interactive and authentic learning とされており（1ページ）、対話が interactive（相互作用・相互に影響し合う）と表現されていることから、対話的な学びが**「相互に作用し合う学び」**のように捉えることができそうです。

対話とは自分がもっている情報を相手に受け渡すだけではなく、受け取った側の人間がその情報に対する自分の捉え方を伝える相互作用によって成り立つものだと考えられます。それは、**相手の主張に対する自分の判断や価値観を相手に示すこと**に他なりません。

自分の判断や価値観を相手に示すために必要になってくるものが本音です。

私の思う**「本音」とは、相手の主張に対して、心からの同意を伝えたり、異なる立場の主張をしっかりと伝えたりする言葉そのもののこと**です。決して建前ではなく、しっかりと本音として、お互いの価値観を伝え合うからこそ、上辺のやりとりではない本物の対話が生まれ、思考における新たな広がりや深まりが生まれてくるのだと考えています。

どうして本音を話せるの？

他者の意見に賛成することはできても、異論を唱えたり、全く違う角度からの提案をしたりすることには相当な勇気が必要です。みなさんも、会議や打ち合わせで、ドキドキしながら勇気を振り絞って反対意見を伝えたり、新たな提案をしたりした経験をもっているのではないでしょうか。それは、授業に参加する子どもたちも同様にもっているドキドキ感だと思います。

「どうして子どもたちは話し合いの中で、素直に自分がもっている疑問を周囲に伝えたり、友達の発言への批判的な意見を堂々と言ったりすることができるんでしょうか」
「友達への敬意や配慮をもった上で、しっかりと自分の思いを伝えられるようにするためにどんな声かけや指導をしていますか」

私が担任しているクラスの総合的な学習の時間の授業を参観した方から、右のような質問をいただくことがあります。正直、数年前までこのような質問に上手に答えることができませんでした。ある研究授業の後の検討会で、同様の質問が参観者から出た際に、「ん〜、何が効いているかよく分かんないんですよ」という的を射ない応答をしている私を見た指導者の先生から、「ごまかさずにしっかり答えなさい」と叱られたことがあります。決して、自分の授業づくりの技を教えたくないと思っていたわけではなく、上手く言語化ができなかったというのが本当の気持ちです（今も、ビシッと瞬時に答えられるかというと、自信はありませんが）。

しかし、当時から、授業中に子どもたちが本音で対話することこそが、課題に関わる概念を形成する上でかなり重要な役割を果たしていることは、感覚的に理解できていました。

授業でどれだけ本音が出せるのか？
どれだけ本音で意見が言い合えるのか？

これらが私の授業研究の中核を占めていたと言っても過言ではありません。

これまでの実践を振り返ってみると、決して「あの先生だから」という名人芸でもなく、

「あの子どもたちだから」という集団の性質によるものでもなく、ポイントがあることが分かってきました。必要とされるのは次の二つです。

「楽しくて分かる授業」と「本音で語り合えるクラスの雰囲気」

この二つが担保されているということが重要であり、これ自体は何も特別なものではありません。

「楽しくて分かる授業」については、各教科等において主体的・対話的で深い学びの視点からの授業改善を行うことで、子どもが学ぶことの楽しさや意味、手応えを実感し、確かな資質・能力を身に付けていくことができることでしょう。

もう一つが、「**本音で語り合えるクラスの雰囲気**」です。

こちらに関しては、学級経営という言葉でまとめられることが多いように思います。主体的・対話的で深い学びの視点による授業改善のポイントについては、拙著『授業のビジョン』で述べていますが、本書では特にこの「本音で語り合えるクラスの雰囲気」をどのように子どもと醸成していくのか、をメインに考えていきたいと思います。

「本音で語り合えるクラスの雰囲気」とは

「本音で語り合えるクラスの雰囲気」とは、個々が素朴に感じている思い、疑問や違和感を発言しても友達から批判されたり、否定されたりする心配や不安がないクラスの様子を表します。

そういうクラスには、次のような特徴があります。

①素朴な疑問や違和感を当たり前に表出できるクラス
②集団や活動の改善点や新たな提案を受け入れることができるクラス
③失敗しても批判されず、励まし合い、新たなチャレンジとして称賛されるクラス

一つひとつについて具体的に考えてみると、「①素朴な疑問や違和感を当たり前に表出できるクラス」とは、同じ時間、同じ空間にいる仲間とは明らかに違うかもしれないとい

う感覚を事前にもっていたとしても、その考えを当たり前に表出できるクラスです。そうしたクラスでは、みんなが平等に発言する機会をもっていて、**数の論理で押し通されることなく、しっかりと発言の機会が与えられるという話し合いの「方法・ルール」が共有**されています。

「②集団や活動の改善点や新たな提案を受け入れることができるクラス」とは、集団や活動の改善点に関わるネガティブな意見や新たな提案について、素直に受け止めることができるクラスです。そうしたクラスでは、全体の考えとは違うからとか、その話をしてしまうと振り出しに戻ってしまうからという論理に負けることなく、**「○○さんが勇気を出して話してくれた意見だから、ちゃんと考えてみよう**」というように、個が大切にされているという風土があります。そうしたクラスでは、**一人ひとりがお互いの「個性」を理解し、信頼し合う人間関係が構築されている**からこそ、ネガティブな意見でさえもきっと意味があるにちがいないと、しっかりと耳を傾けることができます。

「③失敗しても批判されず、励まし合い、新たなチャレンジとして称賛されるクラス」とは、課題にチャレンジすることこそが称賛されるべき行為であり、決して非難されることはないクラスです。解決が困難な課題に挑戦することこそが素敵なことなんだ、結果ではなく仲間と努力をしたり試行錯誤したりするプロセスにこそ意味があるんだ、という価値観が共有されているクラスです。そうしたクラスには、子どもたちが**共に力を合わせて向かう「課題」が明確にあり、自分たちはこうありたいという「願い」が共有されています**。

このような「文化」とも呼ぶことができる特徴をもつクラスでは、本音で考えを伝え合うことの価値そのものが、子どもたちの間で共有されています。

インタビュー

教　師　どうしてあの場面で、さつまいもを入れない方がいいという話をしたの？

子ども　あの場面で言わないと、もう手遅れになってしまうと思ったから。

教　師　本音を言うって心配じゃなかった？

子ども　正直、「今さら」って思われることは怖かった。だけど、ちゃんと理由を話したらクラスのみんなは受け入れてくれると思ってたから言えたと思う。それに、こういうのって、この場面が初めてじゃないからさ。

教　師　他にもあったということ？

子ども　うん。ぼくじゃないけど、算数でも道徳でも、ちゃんと思っていることを話して、そこからもっといい解決方法が見つかったってことはたくさんあった。

教　師　今は、話してよかったと思ってる？

子ども　よかったと思う。最初はみんなを驚かせてしまったかもしれないけど、ちゃんとさつまいもを入れる意味とか、西区の役に立ってるとか、それまでは考えていなかったことが話し合いで分かったから。ちゃんと思っていることを言ったり、話し合いをしたりすることはすごく大事だと思う。勇気はすごくいるけど。

こちらは、冒頭で、自分の違和感を本音で語った子どもへの授業後のインタビューの一部です。

本音を話してしまうことによって、一度、クラスがある種の混乱に陥るのではないかと心配をしてしまうことはすごく正常な感覚だと思います。本質をつくような「そもそも論」によって、話し合いがかき混ざって混乱が生まれる。そういった話し合いは、おしなべて時間がかかることも多いかもしれません。

しかし、そういう話し合いこそが、**物事の本質に迫ったり、最適解を見つけ出したりする方法だということ**をこの子はよく理解しています。このように、多様な意見を受け入れてもらえるという「心理的な安心感」が根底に流れているクラスでは、本音を話すことの価値が、子どもたち自身によって自覚されているのです。

Column 1

私には、子どもたちに伝え続けている２つの話があります。

１つめは、**自分の考えを伝えることの意味や価値について**です。

クラスは、大きな船だとイメージしてみてください。

毎日、みんなで一生懸命にオールを漕いで船をゴールに向かって進めていきます。この船を進めていく上で、進行方向を決める場面が何度もきます。その際に、船の舵をみんなに握ってほしいと思っています。

舵をとるということは、クラスでは自分の考えを発言することと同じです。発言することは、自分のクラスの方向を決めることにつながります。だから、決してぼーっと船に乗っていて、いつのまにか進む方向が決まってしまっていた、という事態は避けてほしいです。みんなで順番に、ときには一緒に舵を握りながら、一番よい方向に進んでいくことが大事なのです。

先生は、明らかに危険な方向に進みそうになったら、一番うしろからしっかりと自分の考えを伝えます。

子どもたちに自分の思いや考えを語ることの意味を感じてもらい、自ら進んで話し合うクラスにしたいと常々、思っています。そのために、共に意見を出し合い、クラスをつくっていくことの大切さを何度も伝えるようにします。

私もまた、この大きな船のうしろに乗って子どもたちのことをときにファシリテーター的に見守りながらも、やはり、探究の一参加者として、一緒に悩んだり笑ったりしながら、一生懸命、本音で生活をしていきたいのです。

第2章

「本音」で語り合うクラスを支える3つのキーワード

みなさんが職員会議に参加している様子を思い浮かべてみてください。

「本当はもっとこうすればよくなるのに」
「(言いたいけれど)これは言ってもいいことか分からないから、ちょっとやめておこう」

などと、自分が言いたいことを言わずに取っておいた経験を、誰もがもっているのではないでしょうか。

誰かが提案してくれたことに対して、賛成することは割と簡単かもしれません。自分自身の考えを表出する必要はなく、少なくとも提案している人は自分の味方であるという確約もあります。さらには、自分の意見を出していないので、他の人に自身が評価されることもありません。こうしたことからも、賛同するというリアクションはとりやすいのかもしれません。

一方、誰かが一生懸命に考えた提案に対して、課題を指摘したり、改善点を提案したりするとなるとどうでしょうか。難しさや心理的なストレスを感じる方が多いのではないでしょうか。

私は、他者の考えに対する指摘や新たな提案を行うことに難しさやストレスを感じるのは、多くの不安がつきまとっているからだと考えています。

その不安の正体はきっと……

○「もしかすると、自分だけが分かっていない話し合いの前提があるかもしれない」(ルールの共有ができていないことからくる不安)

○「この考えを伝えたら、周りのみんなからどう思われるのか？ どんな反応が返ってくるのかが分からない」(お互いの個性を知り合えていないことからくる不安)

○「そもそも、この集団が成し遂げようとしていることは何か？ 自分が目指している方向とは違うのかもしれない」(集団の構成員が解決しようとしている課題や願いの共有ができていないことからくる不安)

こうした不安こそが、積極的な発言を生まれにくくし、本音が出てくることを阻害してしまう要因だと考えられます。

だからこそ、これらの不安をクラス内から取り除く必要があります。私は、こうした不安を取り除き、本音を出し合えるクラスにしていくために、次の三つを意識しています。

1 話し合いの「方法・ルール」を共有する
2 「個性」を理解し合う
3 「課題の明確化」と「願いの共有」をする

話し合いの「方法・ルール」を共有する

子どもたちが本音で語り合うためには、たとえ一つの考えが多数派ではないとしても、まずは個々が抱く、素朴な疑問や違和感が本音として言葉や文字でクラスの仲間に安心して確実に届けられる必要があります。第1章で述べているように、「**素朴な疑問や違和感を当たり前に表出できるクラス**」である必要があるということです。

私たち教師も含め、話し合いに参加している子どもたちもまた、多くの人が考えている流れに乗るべきなのだろうなと考えてしまう傾向があるように感じています。また、多くの人が同調し、主張している考え方には、それが正しいと思わせてしまうような空気感が話し合いの中では生まれていることが多いようにも感じます。多くの人が主張し、多くの人が考えている方向に決まろうとしている流れの中で、それとは異なる立場の意見を言うのは非常に難しいことでしょう。

しかし、多くの人が賛同しているからその考えが正しい、などという保証は一体どこにあるのでしょうか。ともすると、「多くの人が考えているから正しいんだ。その考えを採用すべきだ」という多数決に近い話し合いが展開されることがクラスではあるかもしれません。ここで、私たち教師は「ちょっと待てよ、本当にこの方向でいいのか？　納得できていない子がいるかもしれないぞ。もしかすると、他にアイディアをまだ子どもたちがもっていて、もっと最適な解決方法があるのかもしれない」と、思いとどまる必要があるのだと思っています。

こうした、**多くの人が考えているから正しいという風潮は、最適な解決方法を見出すことを阻害してしまう危険な思い込みだ**ということを、教師である私たちがまず理解しておく必要があります。

決して、数の論理で議論が押し通されることなく、参加者全員が平等に発言する機会をもち、根拠やデータをもとにして様々な方向からその場面に最も適している解決策を見つけ出すことを大切にしたいのです。

そのように一人ひとりの考えが大切にされ、ふとした疑問や違和感が、気兼ねなく表出されるクラスを子どもたちと一緒につくっていくための一つの方法として挙げられるのが、

「話し合いの『方法・ルール』」を子どもたちと共有していく、ということです。この話し合いの「方法・ルール」とは、クラスの文化とも言えます。だから、一方的に教師から押し付けられたものでは意味がありません。時間がかかったとしても、クラスの中で子どもたちと共につくり上げていく必要があります。

「ゴール」と「話し合い方」を決める

今から紹介するのは、2020年度の新潟の6年生と共に行った、10月の総合的な学習の時間の授業の一コマです。この年の6年生は、新型コロナウイルス感染症の影響がある中で、地域のご高齢の方々の孤立問題に対し、自分たちができることを考え抜き、地域の交流の再生を目指す活動に取り組みました。行政の方々のサポートをいただきながら、感染症対策を十分に行った上で、地域の交流会を実施することにしました。自分たちが主催する地域交流会に向けて、どんな活動内容にするのかを話し合っている様子です。

(※本書で紹介する事例では、基本的に「子ども」「教師」という表記で発言を区別しています。個別の子どもの発言について分析する必要がある場合、「子どもA」のように、アルファベット表記を用いるようにします。）

子ども　これから5時間目の総合の学習を始めます。今日は、交流会で行う活動は何がいいかということについて話し合います。

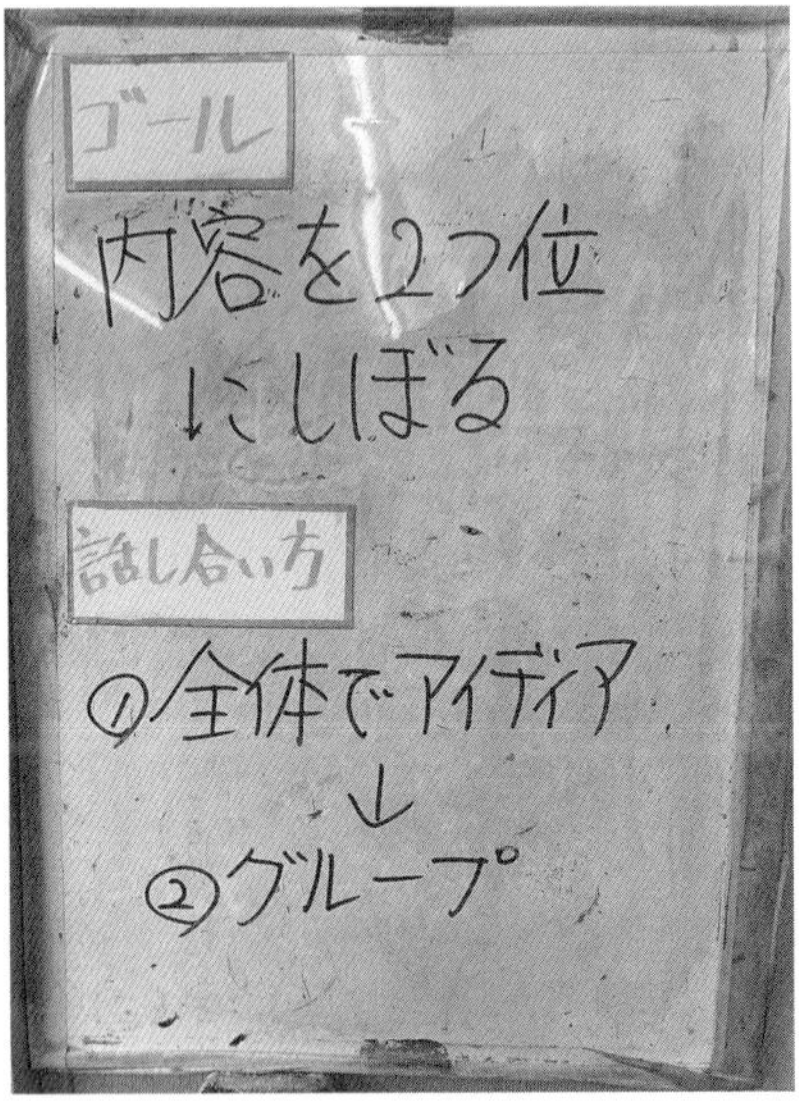

写真1　黒板の横に「ゴール」と「話し合い方」のボードを設置し、まずはこれを決める

教　師　では、今日の「ゴール」はどうしますか。

子ども　今日は、交流会で行う活動を二つくらい、決めるところまで話し合いたいです。

子ども　ぼくも同じで、二つくらいまでなんとか絞りたいです。

教　師　みんな、ゴールは活動内容を二つに決めることで大丈夫ですか。

子ども　はい。

教　師　「話し合い方」はどうしますか。
子ども　まず、グループで話し合ってから、全体で……。
子ども　いや、まずは全体で話し合ってから、グループでしょ。
子ども　ぼくも全体からがいいと思う。
子ども　全体とグループかぁ、どっちからスタートしたらいいんだろう。
教　師　う～ん、じゃあ、先生も少し話していいですか。今日は、まずどんなアイディアがあるのか、お互いにすべて出し合う必要があるよね。そして、すべて出し切ったその後で本当にどの活動をするかを決める方が、ちゃんとすべての可能性について話し合うことができると思うんだけど、どうですか。
子ども　そうかもしれないなぁ。
教　師　ちょっと、違うなぁとかいう人いませんか。この流れで納得？
子ども　はい。(うなずく)
子ども　まず、全体で出し合ってから、グループで話し合う流れでいいと思います。
教　師　ＯＫ、全体で話し合ってから、グループで話し合うという流れでいきましょう。

このような流れで、授業が始まりました。ここで、取り上げたいのは、授業の始まりに、子どもたちと共にその時間の「ゴール」と「話し合い方」を決めるということです。そのねらいは次の二つです。

①授業の流れを自分たちで決定し、自覚的に参加すること
②授業の流れの見通しをもち、調整すること

授業における**話し合いの主人公は徹底的に子どもたち**です。だからこそ、子どもたちに話し合いのゴールと流れさえも、決定してもらうようにしています。

授業の冒頭で、「はじめは拡散的にアイディアを出し合い、次に自分たちで視点や条件を設定して収束を目指していく」というような授業のイメージを子どもと共有することによって、学び手である子どもたちに授業の主導権をしっかりと手渡していきたいと考えています。自分たちで授業の流れを決定することによって、その授業は誰のものでもない、

自分たち自身でつくり上げていくものだと自覚することができます。また、授業の流れを決定するためには、その日の授業の流れを予想し、見通しをもつ力が求められます。その見通しが授業の流れとフィットしない場合も多く出てくるので、その都度、授業の中で調整をしていく力を身に付けていくことも期待できます。

こうした取組は、教師が主導権を握り、教師のペースで進めていくような授業とは異なる「**子どもたちの本音によってつくられる、子どもたちが主役の授業**」を目指すためのものです。はじめのうちは、自分たちで授業の流れを決めることに慣れていないので、時間がかかる場合もありますが、教師と一緒に話し合って決めていくことで、次第に3～5分で決定することができるようになってきます。

一方で、この方法を研修等で先生方に紹介すると、理念は十分に理解していただきながらも、

「先生の授業でのねらいはどうなっているのか？」

「子どもにすべてを委ねてしまって大丈夫なのか？」

という内容の質問をいただくことがあります。このような質問を受けた際に、もちろん授

業者である私は本時のねらいを意識して授業に臨んでいること、その上で子どもと共に「ゴール」と「話し合い方」を決めていくというプロセスを大切にしていることをお伝えしています。

大切なのは教師の指導性と子どもの主体性とのバランスです。どちらか一方が、突出するわけではなく、均衡を保ちながらも、**お互いの願いを最大限叶えることができる授業**こそが優れた授業だと私は考えています。

このように教師が必要に応じて指導性を発揮しながら、子どもたちが十分に主体性を発揮できる授業を実現しようとすると、まずは教師の授業（話し合い）における立ち位置を考えていく必要がありそうです。

教師の立ち位置

「う〜ん、じゃあ、先生も少し話していいですか。今日は、まずどんなアイディアがあるのか、お互いにすべて出し合う必要があるよね。そして、すべて出し切ったその後で本当にどの活動をするかを決める方が、ちゃんとすべての可能性について話し合うことができると思うんだけど、どうですか」

私のこの発言は、子どもたちと同様の参加者の立場で自分の意見を伝え、その意見に対する反応を子どもたちに求める意図があります。

クラスでは、様々な話し合いが行われます。その際、みなさんは教師としてどんな立ち位置で話し合いに参加しているでしょうか。教師の立ち位置として、「司会者」「助言者」「参加者」など、様々な立場が考えられます。どれも大切な役割ですから、自由自在にその立場を行き来できる判断力や子どもとの関係性が私たちには求められます。

1 「司会者」＋「助言者」として

普段の授業において、私の場合、「司会者」＋「助言者」の立ち位置でいることが多いです。子どもたちの話し合いを整理し、板書をしたり、発言の順序や論点を整理したりする「司会者」のような役割を担います。ときには、話し合いの進め方や個々の考え方に関わる助言をして、話し合いを円滑にコーディネートしていく役割を果たしています。

2　共に探究している「参加者」として

もう一つは、「共に探究している参加者」という立ち位置です。学級会等で子どもたちの代表に司会をしてもらっている話し合いの中で、教師も参加者の一員として自由に意見を言いながら、子どもたちとフラットに議論している様子をイメージしてもらえると、分かりやすいと思います。こうした立ち位置を自然に取るために大切なのは、「**先生もクラスで一緒に問題を解決するために共に探究している仲間である**」ということを子どもたちに理解してもらっておくことです。なんでもかんでも、教師は先に答えをもっているわけでないことや、むしろ**教師も一緒に議論に交ぜてもらって、答えのない問いに挑み続けることにこそ、やりがいや楽しみがある**という価値観を子どもと共有しておきたいと思っています。

「みんな、先生の今の考えについてどう思う?」
「納得できる?　違うと思ったら、遠慮なく伝えてね」

日々の授業の中、自分が参加者として意見を伝えた際に、必ず子どもたちに私自身の意見を吟味してもらっています。こうした関係性を築こうとする以上、教師の意見や主張についても、同様に議論の対象として対等に扱ってほしいということを伝え、授業の中で日常的に吟味する機会をもつことができるようにしています。

それでも「参加者」として話し合いの渦中に身を置いていると、周りが見えなくなってしまい、自分の意見を言い過ぎたり、質問をし過ぎたりしてしまうときもあります。せっかく子どもたちが自分たちで話し合いをつないで進めていたのにそれがストップしてしまう場合や、子どもの表情が明らかに曇ってしまう場合がそうした状況を見極めるバロメーターなのですが、もしもそうした雰囲気を感じた場合には、子どもたちに、

「先生が言っていることって、伝わるかな」

と確かめたり、

「ちょっと、私の考えを言い過ぎているかもしれないから、ちょっと司会の役割に戻るね」

と、立場を変えたりするようにしています。

さらに、私の考えに違和感を感じていたように見受けられる特定の子どもに対しても、授業後や休憩の時間で私の発言に対してどう感じていたのかしっかりと聞き取り、意図も

伝えた上で、次回の自分自身の参加の仕方を調整するようにしています。

私自身は、どんな立場を取ろうとも「子どもたちが自分たちの力で論点を明確にした話し合いを行い、一定の結論をもつことができる姿を目指していること。今はその手助けをしているんだ」ということを忘れないように心がけています。そうしたことをしっかりと胸に刻んでおけば、必要のない指導性を発揮したり、子どもたちの話を無理に結論付けたりしてしまうことを防ぐことができるかもしれません。

そもそも、一緒に悩んで考えたり、ときには議論を整理したりしながら、いくつかの立場を行き来することを通して、**子どもたちの話し合いに参加できること自体、とても幸せで感謝すべきこと**だということを忘れなければよいのだと私は考えています。

教師の立ち位置

1 司会者＋助言者

○役割

①話し合いの整理
②板書
③発言の順序や論点の整理
④必要なときに助言

→ **円滑な話し合いにするコーディネート役**

行き来する

2 参加者

○役割

①一緒に悩み、考える
②一員として話し合いにフラットに参加
＊対等な参加者として、子どもたちに意見を吟味してもらう

→ **子どもたちと共に議論する探究者！**

「クラス全体」での話し合い

話し合いの「ゴール」と「話し合い方」が決まると、先ほどの交流会で行う活動について、子どもたちの議論がスタートしました。

教　師　それでは、交流会でどんな活動をするといいか、考えているアイディアを教えてください。えーっと、Aさんどうぞ。

子どもA　はい。私は、オセロがいいと思います。理由は、ルールが簡単で気楽にできるからです。Bさんどうぞ。

子どもB　私も同じで、オセロがいいと思っていのます。なぜならば、練習するとすぐに強くなれるからです。Cさん。

子どもC ぼくは違う種類で、将棋がいいと思います。将棋は直接、触れ合わないからです。Dさんどうぞ。

子どもD ぼくも将棋がいいと思っていて、ルールを教え合って交流することもできると思っています。Eさんどうぞ。

子どもE ぼくは、将棋には少し反対で、将棋は少し時間がかかるところが問題だと思っています。Fさん。

子どもF ぼくもEさんと同じで、確かに、一試合でものすごく時間がかかってしまうことってあると思います。

教　師 えっ。将棋ってそんなに時間がかかるものなの。Fさんもう少し詳しく教えて。

子どもF うん、試合によっては1時間以上かかることも多くありますよ。

教　師 なるほどね。では、続いていきましょう。Gさんはどうですか。

子どもG ちょっと、他の種類の話をしてもいいですか。私は、トランプがいいと思っていて、トランプは多くの人がやったことあると思うからです。Hさん。

子どもH 私もトランプがいいと思っています。それは、遊び方のバリエーションがたくさんあって、一つ準備するだけでたくさんの遊びができるからです。Iさん。

子どもI　ちょっと、質問というか、迷っていて、私はトランプもオセロもいいと思うんですが、集中しすぎてしまうと会話ができなくなってしまうところと、1対1の対戦を交流と呼んでいいかどうかがちょっと心配です。

教　師　なるほど、なるほど。ちょっと整理させてもらっていい？　集中すると会話することが難しくなるよね。あと、1対1が交流と呼べるかということですね。今のIさんの考えについて話せる人いますか。Jさんどうですか。

子どもJ　はい。トランプは、多くの人でやれるし、オセロも工夫すれば、多くの人でプレーできると思います。

教　師　Kさんは、どう考えていますか。

子どもK　付け足しになるんですが、オセロやトランプのルールはシンプルだから話せるんじゃないかなと私は思うんです。

教　師　Iさんどう？

子どもI　うん。（うなずく）

教　師　じゃあ。また、意見を聞かせてくれるかな。

〈この後も、全体での話し合いが続いていく〉

このように、子どもたちがお互いのことを指名しながら、話し合いが進んでいきました。私は、必要に応じて話し合いを整理したり、自分の考えを伝えたりしながら、話し合いに参加しますが、基本的には子どもたちの発言を価値付け、黒板に話し合いの流れを整理して板書する役割を果たすようにしています。

こうしたクラス全体での話し合いにおける指名の仕方については、「**意図的指名**」と「**相互指名**」の二つを用いています。授業では、誰がどの順番で話すかによって、話し合いが方向付けられていくことが多くあります。例えば、将棋を採用すべきだという意見ばかりが伝えられ、将棋という意見に対する疑問や否定的な考えが話し合いの土台に乗ることがない場合を想像してみてください。しっかりと、将棋を行うことについて検討する時間もなく、話し合いの勢いで方向性が決定付けられてしまう恐れがあります。子どもたち一人ひとりの納得のもと、論点を整理して進んでいくのか、それとも論点が不明なまま意見をただただ発表するだけの時間になってしまうのかは、**誰がどの順番で話すかというこ**

とや、平等に話す機会が与えられているかということがとても重要な鍵になります。

1 「意図的指名」による話し合い

「意図的指名」による話し合いとは、まさに教師が意図をもって子どもを指名していく方法に他なりません。教師が一人を指名して、その指名を受けた子どもが話す、そしてまた次の子どもを教師が指名をして、指名された子が話すという流れをとります。

この方法は、教師のねらいに沿った順序で、子どもたちの意見を出してもらうことはできますが、子どもたちの意見が自然に交わったり、子どもたち同士が話し合いの中で質問をしたり、付け足したり、反対の意見を伝えたりすることはあまり期待できません。むしろ、教師がその間に入り、話し合いを結び付け、コーディネートしていくというようなイメージです。

決して、この「意図的指名」を否定しているわけではありません。むしろ、「意図的指名」が効果的な場面もあります。私自身は、場面に応じて使い分けるようにしています。その場面とは、話し合いで意見の整理が必要なときです。

「えっ。将棋ってそんなに時間がかかるものなの。Fさんもう少し詳しく教えて」

「なるほど、なるほど。ちょっと整理させてもらっていい？　集中すると会話することが難しくなるよね。あと、1対1が交流と呼べるかということですね。今のIさんの考えについて話せる人いますか。Jさんどうですか」


というように、改めて問い返すことによって子どもが言いたいことをクリアにしたり、ある一つの考えに対する意見を全体に求め、それを言語化できる子どもたちに話してもらうことによって、論点を明確にしたりする場合に取り入れるようにしています。

「ちょっと、整理させてもらっていい？」と、子どもたちに了解を得た上で、話し合いの流れに入っていく姿は少し極端に感じるかもしれませんが、子どもたちにとって「**先生は、話し合いの主役を自分たちと認めてくれていて、話し合いを整理してくれる存在だ**」と理解してもらっているからこそ、話し合いの進行を委ねてもらうことができるのだと考えています。適切なタイミングで介入していくことは、なかなか難しく、ともすると話し合いのリズムを損ねてしまう場合もあります。リズムを損ねるだけならまだしも、「本当はそういうことじゃないのに……」と、子どもたちが伝えたかったことを歪曲《わいきょく》させてしまう可能性もあります。やはり、子どもたちが言いたいことをある程度、理解できている（理解しようとしている）からこそ可能なことであって、私たち教師はそういった信頼を得るために個々への理解を深める努力を日常から続ける必要があります。

2 「相互指名」による話し合い

一方、「相互指名」による話し合いとは、始まりの一人目こそ、教師が指名しますが、その一人目が話した後は、話し終わった子どもが挙手している次の子どもを指名して話し合いをつなげていくという、子どもたちによって話し合いが進められていくディスカッションの方法です。

この「相互指名」のように、子どもたちに授業の進行を委ねる話し合いにおいては、次に誰を指名するとか、どんな順番で話すとか、いくつか子どもたちと確認しておくとよいルールがあります。

	意図的指名	相互指名
手順	教師が指名する→子どもが発言する、の繰り返し	話し終わった子どもが次の発言者を指名し、つなげていく
使用場面	論点を明確にしたいとき／「問い返し」で、子どもの言いたいことを、よりクリアにして共有したいとき／ある１つの考えに対し、他の子どもの意見を求めるとき	拡散的に子どもたちがアイディアを出し合うとき／子どもたち自身で考えを練り上げていくとき
留意点	教師に話し合いの主導権があるため、教師が構想している指名の順にとらわれることなく、話したいと思っている子どもを柔軟に指名する姿勢が重要	進行を子どもたちに委ねることになるので、話し合いのルールを事前に共有することが重要

※１時間の授業で場面に応じて教師と子どもが適切に使い分けることを目指す

①自分の立場を伝えること

発言を終えた子が次の人を指名して話し合いを進めていくわけですから、誰をどんな順番で指名したらよいのかを迷わないようにしておく必要があります。つまり、各自の話し合いにおける現在の立場をお互いに知ることができるように、なんらかの意思表示を子どもたちが自然にできるようにします。

立場を伝える方法には、大きく分けて二つの方法があります。

【ハンドサインを用いる方法】

例えば、考えがあって話をしたい場合は、手をじゃんけんの「パー」の状態に開いて挙げる。教師も子どもも含め、パーを挙げている人は話したい意見がある人だから、安心して指名することができます。

考え中の場合は、じゃんけんの「グー」の状態にして手を挙げるようにします。もちろん、この状態の人を指名することはありません。

何かの議論を始めようとしている際にこの「グー」を挙げている人が多い場合には、話し合うための条件がそもそもあいまいだったり、話し合うためのリソースが不足していたりする場合があるので、一度話し合う前に考えを整理する時間をとる場合もあります。

ハンドサインを使う際に大切にしているのは、**限りなくシンプルなサインとすること**、そして慣れてきたら**ハンドサインは使わず、口頭で立場を伝えるという方向にシフトしていくこと**です。

根本的な願いとして、子どもたちには初めて出会った人とでも、しっかりと対話できる人になってもらいたいと思っています。だから、ハンドサインを含む**そのクラスでしか通用しないようなルールは、徐々に減らしていく**ように心がけています。

【音声で立場を伝える方法】

もう一つは、「**音声で立場を伝える方法**」で、こちらは、いたってシンプルな方法です。前の人の発言をしっかりと最後まで聞いた後、挙手する動作と合わせて、自分の立場を音

声で伝えるだけです。その際に、

「質問があります」
「同じ考えなんですが」
「違う考えがあります」

というように立場を伝えるようにします。このように、どんな立場で話したいのかを表明することによって、子どもたちが次の人を指名する際の指標ができます。

ただし、一気にみんなが立場を言ってしまうとよく聞き取れないこともあります。そんな場合は、「同じ意見の人いますか」「質問がある人はいますか」と改めて、全体に確かめたり、「○○さんは、どんな立場ですか」と個人に直接立場を聞いたりして、次の人を指名できるように、私が問いかけてみせます。相互指名を授業に取り入れ始めた初期の段階では、子どもたちが次に誰を指名すべきなのか、迷っている姿を多く見ることになると思います。前述のように立場を尋ねる教師の姿をモデルとして子どもたちが学ぶことにより、徐々に子どもたちも全体に確かめるという行為をまねたり、問いかけ方をアレンジしたりして、次に話したい人を見つける自分なりの方法を身に付けていきます。

重要なのは、**話を整理する役割を果たそうとしたり、全体に問いかけたりする姿が見られた際に、教師がそれを価値付けていくこと**です。小さな成功体験を積み重ね、手応えを感じることによって、子どもたちは自分たちで話し合いをコントロールすることができるようになっていきます。

②話す順序

「私は、オセロがいいと思います」

「私も**同じ**で、オセロがいいと思っています」

「ぼくは**違う種類**で、将棋がいいと思います」

「ぼくも将棋がいいと思っていて、〜」

「ぼくは、将棋には**少し反対**で、〜」

「ぼくもEさんと**同じ**で、確かに、一試合でものすごく時間が〜」

「ちょっと、**他の種類の話**をしてもいいですか。私は、トランプが〜」

「私もトランプがいいと思っています」
「ちょっと、質問というか、迷っていて、〜」

前述の授業における子どもたちのやりとりについて、立場を伝えている言葉をもとに分析してみると、**一定程度の話題のまとまり**を意識して、話し合いを進めていることが見えてきます。どうやら子どもたちは、一つの提案（意見）に対して、賛成の意見を出し合い、その後に反対意見や別の視点の意見を言うようにしていることが読み取れます。実際に、こうした話のまとまり（順序）を子どもたちが意識して話し合いを進行していくことで、話し合いの流れをしっかりと理解し、お互いの発言する機会を保障しながら参加することが可能となっているようです。

相互指名をしていると、このような話し合いとは逆に、オセロのことについて話し合っていたと思ったら、いつのまにか将棋のことになってしまっていて、するとある子がオセロについての質問を始めて……というような状態に陥ることがあります。このように、何のために何について話し合っているのかがよく理解されておらず、クラス全体としてさまよっている状態を「お話迷子」と私は呼んでいます。このような状態は、個々の考えを発表したとしても、一方向の報告となってしまうため、子どもたちの考えがお互いに交わり、議論が深まる可能性を極端に下げてしまいます。**教師も子どもたちも疲れたけれど、何も決まっていない**という状況を生み出してしまいかねません。こうした状態になってしまう要因はいくつかあるのですが、その代表的なものとして、話し合っている内容が様々な方向に散らばり、まとまっていないことが挙げられます。

私は子どもたちに、どのような流れで話し合いをすると上手くいくのかということを、実感を伴って感じてほしいと考えています。話し合いの前提とも言えるような共通理解は、言って聞かせて身に付くものではなく、自分たちが**やってみていいと思ったから**、子どもたちが自ら取り入れていくものなのです。

【話し合い方を比べる】

例えば、学級会の話し合いで、「第1回目のクラス集会でどんな遊びをしたいか」という議題で話し合いを行う際に、まずは順序を決めることはせずに、子どもたちに思い思いに話してもらうことにしました。挙手をしている子どもを私が指名していきます。すると、

「ぼくは、ドッジボールがいいです。それは〜」

「私は、フルーツバスケットがいいです。なぜかというと〜」

「ぼくは、鬼ごっこがいいです。みんなが楽しめると思います」

「ぼくも、ドッジボールに賛成です」


私が指名して進行していますが、それぞれが自分の思いを伝えるだけで、何も決まりません。むしろ、散らかりっぱなしの話し合いにいら立つ子どもも出るほどです。

そこで、私から、

「ちょっと話し合いの順序を意識して話してもらっていいかな。まずは、同じ考えがある人がまとめて話してもらって、ある程度話がまとまったら、次の話題にいこうかと思うんだけれど、そんなふうに司会をしてみてもいい？」

と切り出します。仕切り直して、話し合いを再開します。まず私から、

「話し合いをする前に確かめておきたい、質問したいことはありますか？」

と聞いてみると、

「体を動かす遊びなのか、教室でもできる遊びなのか、どっちについて話せばいいか教えてほしいです」

という質問がありました。これはすごく大事な視点です。私から、

「今回は、体育館を使うことができるんだけど」

と話をすると、子どもたちの中から、

「せっかく、体育館を使うことができるんだから、今回は体を動かす遊びにして、次のお楽しみ会で教室の遊びも取り入れたらどうかな」

という提案があり、今回は体を動かす遊びについて話し合うことが決まりました。続いて、

「では、どんな遊びがいいと考えているか、改めて教えてください」

と尋ねると、一人目の子どもが、

「ドッジボールがいいです。なぜならば〜」

と話を終えたところで、すかさず、私が、

「同じように、ドッジボールがいいなと考えている人いますか」

と、整理します。すると、

「あっ。ぼくも同じ考えで、ドッジボールはルールをみんなが知っていて〜」

「ぼくも、ドッジボールがいいと思っていて、どのクラスでも〜」

　このように、同じ考えを出し切った後で、

「今の話に質問ってありますか。ないですかね。では、ドッジボールの賛成の意見がたくさん出ているんだけど、ちょっと難しいんじゃないかなとか、反対の意見ってある？」

と、尋ねてみます。すると、

「ちょっと今の人たちの意見と反対になってしまうんですが、ドッジボールって、ボールが同じ人ばっかり投げることで〜」

「あぁ、ぼくも同じで。みんなで楽しむことが難しいと思うんです」

　このように、十分反対の意見も出し切った後で、

「では、ドッジボールについて、一旦ここまでにして、他の種類の遊びを提案してくれる人いますか」

「ぼくは、助け鬼がいいと思います」

というように、次の話題に進んでいきます。すべての遊びの種類が出た後、今度はそれぞれを俯瞰して、実際にどれを行うべきなのか、議論は次の選択する段階に進んでいきまし

た。

　こうした話し合いを経験した後、子どもたちに私が司会として、何を意識して話し合いを進めていたのかを伝えます。まずは、**質問を受け付ける、次に同じ意見、さらに異なる意見**、途中で質問があったら、それを受け付けることを意識していたことを明示します。

　こうした流れを明示した上で、最初の話し合いと後の話し合いの流れを比べてみて、どうだったのかを子どもに尋ねてみます。すると、子どもたちから、

「話がまとまっているので、話しやすかった」

「一つひとつのことをしっかりと話し合って、次に進む流れがいいと思った」

「何について話し合っているのか、流れが分かりやすかった」

という反応が返ってきました。


　このような流れをとっていくことの利点を子どもたちと味わった上で、子どもたちに普段の話し合いでも**「①質問」→「②同じ」→「③異なる」**の順序をできるだけ意識して話し合おうと提案するようにしています。

【「①質問」→「②同じ」→「③異なる」】

まず、**質問**が先に来ている理由は、そもそも今から話し合おうとしているテーマについて、疑問がある場合、先に質問をすることで、誰一人置いてけぼりにせずに話し合いに参加してもらえる状況を整えることをねらっています。

次に、**同じ**考えをある程度まとめて話をしてもらいます。こちらは、まずは一定程度、ある主張に対して同じ方向性で話し合うことで、根拠を明確にする機会を保障することをねらっています。

最後に、**異なる**立場を聞くことで、これまでの議論に対する異論を伝えたり、他の方向からの提案を伝えたりして、多面的に分析する機会を保障します。

ただし、この順序はいつも必ず守らなければいけないものではないことも、子どもたちに伝えるようにしています。ある程度話し合いに慣れてくると、子どもたちは発言のタイミングをしっかりと計れるようになってきます。いきなり反対の意見を言っても受け入れてもらえないから、ある程度話を聞いて、受け止めてから、異なる意見を伝えていくという効果的な話の仕方さえも、子どもたちは回数を重ねることで身に付けていくことができます。

一方、一つひとつの話し合いはライブなので、「どうしても今、伝えたいと考えている子どもがいる」「今のタイミングで伝えるのが効果的だ」「議論が一方の主張に偏りすぎている」、と感じた場面については、教師がしっかりと話し合いの司会者として調整を行い、順番どおりでなくても、発言の機会を保障することも必要です。そうした、話し合いの流れや回数、タイミングを適切に感じ取り、調整していくことこそ教師の役割であって、責任をしっかりと取ることが仕事なのだと捉えています。

「相互指名による話し合い」のルール

1 立場を伝えること

→ハンドサインで伝える方法

＊限りなくシンプルなサインに！
＊慣れてきたらやめて、「音声」にシフト！

→音声で伝える方法

＊挙手とセットで！
＊大勢が手を挙げていて、判断がつかないときは、「同じ意見の人は？」「質問がある人？」というように呼びかけ、立場を明確に整理する

---

2 話す順序（話題のまとまり）を意識すること

（ある意見に対して）
→①質問
→②同じ意見
→③違う意見

＊話題のまとまりがあると話し合いがしやすいことを、事前に体験してみる！
＊常にこの順序にするのではなく、状況に応じて柔軟に！

↓

ファシリテーターとしての教師は、
発言の**回数**／**タイミング**／**流れ**を察知し、調整に努める！

「少人数グループ」での話し合い

前述の6年生の総合的な学習の時間の授業では、地域のご高齢の方々との交流会でどのような活動を行うかについて話し合いを進めていました（50ページ）。話し合いの中では、「オセロ」「将棋」「トランプ」「折り紙」「マスクケース作り」「カルタ」のアイディアが出されました。その続きの場面でのことです。

教　師　これだけたくさんアイディアが出てきたけれど、どうしようか。このまま話し合いを続けて、実際にどれを選ぶか決められそう？

子ども　今のままだと、ちょっと難しいから、グループで話し合うといいと思います。グループで、ピラミッドチャートが使えそうかも。

教　師　○○さんが、ピラミッドチャートを使うといいんじゃないかと考えているんだけれど。みんなどうですか。

写真2　黒板右半分にピラミッドチャートのフレームを配置

子ども　いいと思います。
子ども　じゃあ、条件が必要になるよね。
子ども　そうそう、条件がいる。
教　師　そもそも、みんなが今回、交流会でやることを考える際に大切にしてきたことってどんなことだっけ？
子ども　安心できること。交流。衛生面。
教　師　そもそも、私たちが一番重要にしていることって何？
子ども　交流できること。
教　師　なるほど、なるほど。
子ども　次に、直接触れ合わないこと。
子ども　ピラミッドチャートの一番下は、安心できること。
教　師　こんなふうにピラミッドチャートの条件が設定

できると言ってくれているんだけど、これで考えられそう?

子ども　はい。

教　師　どのくらい、時間必要ですか。

子ども　5分。

子ども　いやいや、5分じゃ足りないでしょ。10分はほしい。

子ども　うん。最低でも10分はいるよね。

教　師　よし。じゃあ、10分とってみて、一度声をかけます。それじゃあ、記録リーダーさん、ピラミッドチャートの用紙と付箋紙を取ってきて、準備ができたら始めてください。

【ある3人組での話し合い】

子どもA　(※条件の)「安心できる」をクリアできてるってどれだと思う?

子どもB　一人ずつ意見言っていこうよ。ぼくは、とりあえずトランプ。

子どもC　確かにトランプは安心できる。

子どもA　みんな安心できるってどういうことだと思っている?

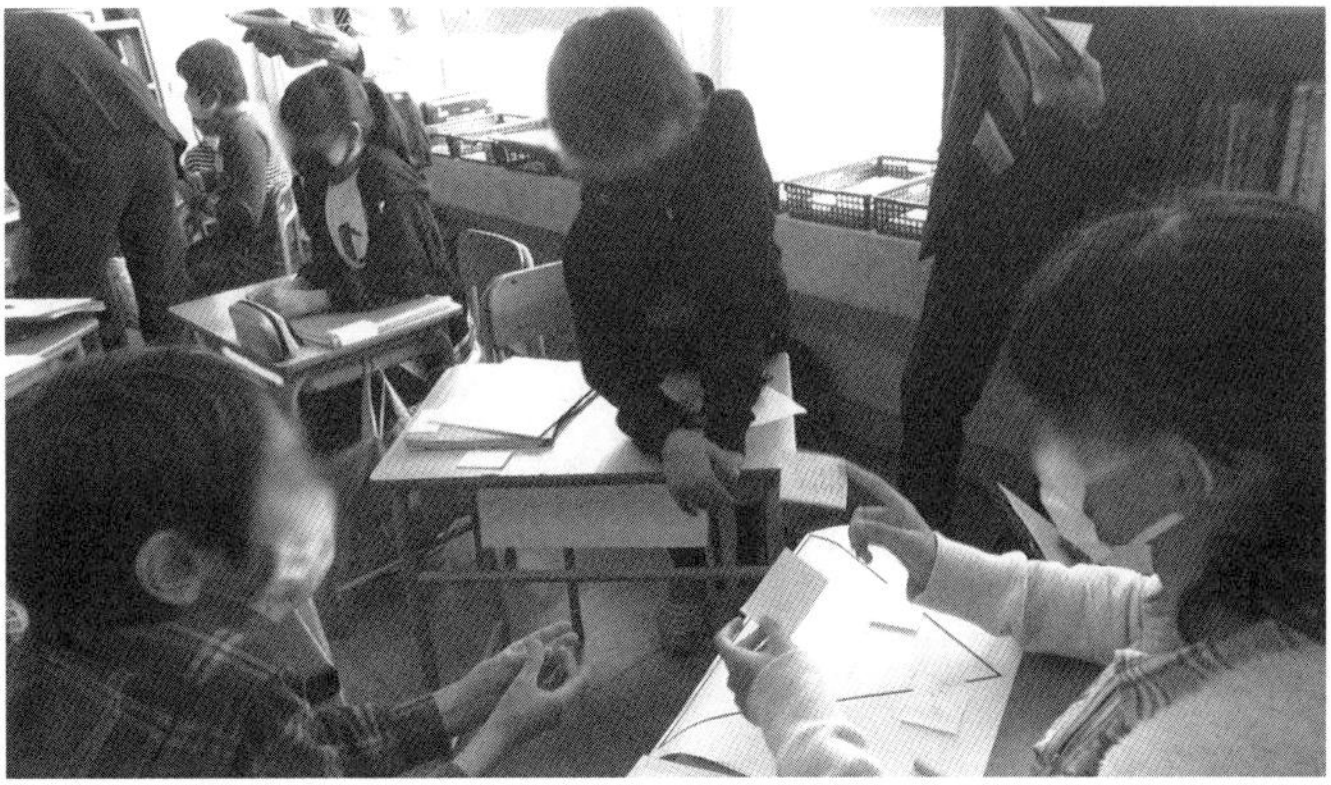

子どもC　安心というのは入りやすいこと。みんなが参加できることだと思うんだけど。
子どもB　じゃあ、将棋はちょっと難しいかも。ルールが分からなくて、できない人もいるから。
子どもA　じゃあ、この折り紙は（※ピラミッドチャートの上に）上げていい。
子どもC　うん。ちゃんと本も準備しているから安心してできると思う。
子どもB　ぼくは、オセロもルールが簡単で安心して参加できると思うよ。
子どもA　じゃあ、次の条件の「感染対策」はどう？　どれも直接は、触れ合わないからいけるんじゃないかな。
子どもC　終わった後に消毒すればいいし。
子どもA　じゃあ、いよいよ「交流」について。
子どもB　いよいよだね。

子どもA　私は、無言になると交流できないと思ってるんだよね。じっくり考えすぎちゃうやつは、難しいんじゃないかな。
子どもB　トランプは、まだなんとかお話ししながらやれそう。
子どもA　だけど気になるのが、オセロ。いくらチーム戦でやっても私は無言になっちゃうな。
子どもB　うーんぼくも、例えば、初対面の人とやると無言になりそう。
子どもC　オセロはちょっと保留かな。
子どもA　折り紙はどう？
子どもC　折り方を知っている人は、説明受けなくてもいいじゃん。
子どもB　逆に知らなくても、教え合うことができると思う。
子どもC　知っているものなら、簡単にお話ししながら折れるし、知らないものなら教え合える「折り紙」は、交流できそうだな。
子どもA　じゃあ、ちょっとまとめていい。
子どもB　うん。
子どもA　じゃあ、私たちのチームは、折り紙とトランプの二つを上げるということでみんな納得ですか？

子どもC　うん。納得。

　このように、グループでの話し合いが進んでいきました。少人数グループでの話し合いでは、完全に子どもたちに進行を委ね、そのグループでの一定の結論を得るところまで自分たちで責任をもって話し合いを行ってもらうようにしています。

　少人数での話し合いが形式だけのものにならず、授業の中で意味のある話し合いになるためには、いくつか子どもたちと共有しているルールがあります。

1　「話し合いのサイズ」と「タイミング」

①話し合いのサイズ

　子どもたちは、話し合いにおけるグループのサイズを「**クラス全体**」と、2～3人からなる「**少人数グループ**」の二つに意識的に区別しています。子どもたちの言葉に直すと

「**全体**」「**グループ**」というように使い分けていて、授業の始まりに、子どもたちと「ゴール」と「話し合い方」を決めていく際には、

「まずは、『全体』でアイディアを出し合って、その後で『グループ』で詳しく一つひとつの内容について話し合ってみたいです」

というように、意識的に区別しています。このような話し合いのサイズも、目的に応じて子どもたちと一緒に選び取っていくことで、「**誰でもない自分たちがこの話し合いの主人公である**」という感覚を得ることができたり、子どもたちが積極的に話し合いに関与しているという感覚を高めたりすることができるのではないでしょうか。

一概に言うことはできませんが、「クラス全体」での話し合いについては、多くのアイディアを拡散的に出し合ったり、考えを共有したり、比較したりする場面に適していると考えています。

一方、2~3人からなる「少人数グループ」での話し合いについては、一つの事柄やテーマについてより深く話し合い、実際に判断をする場面で活用するようにしています。

例えば、これまで紹介してきている6年生の総合的な学習の時間の事例において、交流会で行う活動内容について話し合う場面においては、次のような形です。

クラス全体：どんな活動内容を行ったらよいと考えているのか、アイディアを拡散的に出し合う
少人数グループ：アイディアを出し切った後に、その一つひとつを吟味する

拡散的な思考を期待する場面においては、クラス全体で話し合いを行うことにより、偏りなく様々な意見を出し合うことができるでしょう。ある程度、拡散的にアイディアを出し合ってみて、その日に深めるテーマや条件が見えてきたら、今度は少人数グループになり、実際にその一つひとつの比較・検討を行います。少人数グループでは、クラス全体と比べると個人の発言の回数が明らかに増えるために、より込み入った対話を期待することができます。

このように「クラス全体」と「少人数グループ」とを授業で織り交ぜて適切に用いていくことで、授業全体にリズムが生まれ、子どもたちは集中力を維持しながら授業に参加することができます。併せて、少人数グループで話し合うということは、友達とのディスカッションから新たな情報をその場で得ることができるため、その後の学習活動を行うためのリソースを補充することができる場だとも考えることができます。

②タイミング

授業で絶対にやってはいけないこと。それは、**授業の体を為すために**少人数グループを用いることです。

言い換えれば、**いかにも子どもたちが話し合っているような授業にするために**必要のない少人数グループを授業で用いてしまうことです。徹底して、授業における話し合い、授業そのものは子どもたちのためのものであって、**決して教師の都合によってその流れや構成が変えられるべきではない**と強く思っています。

【子どもの求めに応じて取り入れる】

だからこそ、この「少人数グループ」での話し合いは、子どもの求めに応じて授業で取り入れられるべきものだと考えています。総合的な学習の時間の流れの中では、先ほどのように、

教　師　これだけたくさんアイディアが出てきたけれど、どうしようか。このまま話し合

いを続けて、実際にどれを選ぶか決められそう？

子ども 今のままだと、ちょっと難しいから、グループで話し合うといいと思います。

子ども グループで、ピラミッドチャートが使えそうかも。

というように、子どもたちの求めによって、少人数グループでの話し合いを行う流れをクラス全体で選択できるようにしています。

こうした話し合いの二つの形態を子どもたちが意識的に選択できるようになるためには、話し合いのプロセスを振り返り、その話し合いが上手くいったのか、上手くいかなかったのかを、子どもたちが実感する経験を積み重ねていくことが重要です。

私は、授業の終わりに振り返りを記述する際、「①分かったこと」「②学び方について」「③自分自身のこれからや生き方」という三つの視点を子どもたちに示すようにしていますが、その中でも**「②学び方」について」の振り返りがこの実感に大きく作用してくる**と考えています。振り返りを書く際には、「学習の仕方や話し合い方でこれからも役に立ちそうなところがあったら、振り返りに書いてね」と伝えるようにしています。

今日は、グループで話し合ったからこそ、結論にたどり着くことができたと思う。ピラミッドチャートを使ったから、みんなの意見をちゃんと聞いて、たくさんのアイディアから、しっかりと必要なものを選ぶことができた。

こうした振り返りが子どもたちから出てきたら、そのタイミングがチャンスです。これを全体に紹介し、話し合いのプロセスをメタ的に捉えた記述を全体で共有する機会を設けるようにします。大切なのは、強制的に子どもたちに学び方を、振り返らせるのではなく、**個の気付きを全体化することによって、周りの子どもたちも自分たちの話し合いを客観的に見る目をもつことができるように働きかけること**です。

決して近道など、ありません。

こうした経験を地道に積み重ねることこそ、子どもたち自身が、現在の話し合いに適しているのは「クラス全体」なのか、「少人数グループ」なのかを選ぶことができる感覚を育てていくことができる唯一の道なのだろうと感じています。

【発言の偏りを見極める】

授業では、「一定のメンバーによって話し合いが進められ、物事が決まっていくのではなく、話し合いの場面において**徹底的に全員が平等であり、全員が話し合いに参加し、みんなの納得で物事を決めていくんだ**」という意識を子どもたちと共有していきたいと常々考えています。

日々の授業で、話し合いを日常的に行っていれば、数名の同じメンバーで議論が進められている、あるいは挙手している子どもたちが数名しかいない、というような偏りが見られる場面というのも確実に出てきます。そのような発言の偏りが見られる場面で、こうした価値観を言葉で伝えることはもちろん大切なのですが、発言の機会を均等にするために子どもたちと共に授業の流れの中で、話し合いの形態を見直すという方法もあります。

明らかに発言の偏りが見られる場合には、子どもたちに相談をして、一度、クラス全体での話し合いをやめてみるという選択を提案してみます。子どもたちに、

今、話し合いが一定のメンバーによって進んでいることにみんなは気付いているかな。やっぱり、全員で話し合い、決めていくことに意味があると思うんだ。もしも、今の

流れで疑問に思っていたりすることや、確かめたいこと、ちょっと情報を交換する必要があれば、グループでの話し合いの時間をとることもできるけれど、どうですか。

と、投げかけてみます。こうすることで、全体では話せなかったモヤモヤをお互いに伝え合ったり、個々がもっている情報を交換する過程で考えをはっきりと言語化したりすることができるようです。また、みんなの前だと少し発言する勇気が出なかったことを、表出して確かめることもできます。こうした時間をとった上で、再度全体の話し合いに戻るか、あるいは情報の収集の時間として、資料を再度見直して、自分の考えをまとめる時間をとるのかを子どもと相談して、決めるようにします。

話し合いの「サイズ」と「タイミング」

クラス全体

（多くのアイディアを）
→拡散的に出し合うとき
→共有したいとき
→比較したいとき

少人数グループ

（全体である程度アイディアを出し合い、深めるテーマや条件が見えてきて）
→１つひとつのアイディアの吟味・検討をしたいとき

◎取り入れるべきタイミング

→子どもが「求めた」とき
＊普段から、その日の話し合いの進め方に関してメタ的に振り返っておく
→発言に明らかに偏りが見られたとき
＊発言者や発言回数に気を配り、教師から提案
その際、指示するのではなく、まずは子どもに相談する

↓

共に学ぶ探究者としての教師は、
決して、**自分の都合で話し合いの流れや構成を変えない！**

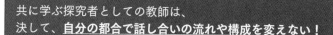

2 少人数グループの人数と役割

「みんな安心できるってどういうことだと思っている?」
「じゃあ、ちょっとまとめていい」
「じゃあ、私たちのチームは、折り紙とトランプの二つを上げるということでみんな納得ですか?」

先ほどの少人数グループ内のAさんのこのような発言は、グループのメンバーに問いかけたり、話し合いをまとめたりする意図をもって発せられていることが分かります。

少人数での話し合いに慣れてくることによって、最終的にはそれぞれが今、必要だと考える役割を自ら引き受けることにより、明確な役割分担が必要なくなることも多々あります。しかし、導入段階においては、話し合いをスムーズに行う上で必要だと考えている人数や役割を子どもたちに私から提案するようにしています。

①少人数グループを構成する人数

少人数のグループといっても、先生によってイメージする人数は異なると思います。私自身は現在、2〜4人と試してきた中で、3人という単位が多くの場面で機能しているなと感じています。

二人組は1対1なので、発話量の多さが期待できる反面、どうしてもペアの相性によって、話し合いが活性化しない場面も出てきてしまいます。発達の段階にもよりますが、お互いの意見がぶつかったときに調整できない、逃げ道がない、というような場合、話し合いそのものが停滞してしまう可能性もあります。大人ならば、上手に話題を変えたり、合意形成を図ったりすることができるかもしれませんが、小学生にはなかなか難しい場合が多いようです（ただし、発達の段階やグルーピングの工夫によっては、二人組についても効果を期待することができるでしょう）。

4人組についても、全員が発言権を同じようにもち、同程度で発話量を調整しながら、進められる場合は用いてもよいと思います。クラスのそもそもの人数の関係で調整すると4人にならざるを得ない場合もあります。しかし、どうしても人数が増えれば増えるほど、「話さなくてもいいや」と感じてしまう子どもも出てくることは事実です。大切なのは、

一人ひとりが任された役割にしっかりと責任をもって参加していることだと考えています。正直なところ、この役割と責任さえ子どもたちが自覚して話し合いに参加することができていれば、一人や二人の違いなど問題ではありません。しかし、小学生という発達の段階を考慮した上で、導入期に子どもたちに成功体験を積んでもらうということを考えた場合、私は3人組での話し合いをおすすめしています。

②それぞれの役割

少人数グループを構成する一人ひとりの役割を明確にして、全員が参加者として自覚と役割をもって、話し合いに参加できるようにします。具体的には、3人組の中で、

①司会　②記録　③発表

という役割を子どもたちが担って、話し合いを行うように子どもたちに提案します。

「**司会**」を引き受けた人は、その名のとおり、話し合いの進行の役割を果たします。基本

的な役割としては、発話量を保障することができるように話を均等に振ったり、話し合いを整理します。もう一つの重要な役割は、現在行っている話し合いは、アイディアを拡散的に出し合えばOKな話し合いなのか、3人での結論を出す話し合いなのかという話し合いの目的や流れを意識して、目的に沿った進行をするということです。

「記録」を引き受けた人は、話し合いに参加しながら、自分たちの話し合いの記録をしていくという役割を果たします。話し合いをする際には、ホワイトボードや紙面上に自分たちの対話の足跡を残していきます。

「発表」を引き受けた人は、自分たちの話し合いのプロセスと結果を伝える役割を果たします。グループでの話し合いの結果を共有する必要がある場合に、代表として全体に向けた発表を行います。

ここで紹介している「司会」「記録」「発表」の役割については、3人の中の代表として責任をもっているという位置付けで、その役割ではない人が手伝うことも大いに認め、そうした姿が見られた際には称賛していきます。基本的にはそれぞれがお互いに補いながら、3人で話し合いをつくり上げていくという心構えが大切です。

「先生、みんなで分担して考えを伝えたいんですけど、いいですか」
「みんなで話し合いながら、記録はできる人がやってもいいですか」
「今回、司会がいなくても、話し合いできそうなんですけど」

このような発言が授業で出てきたら、チャンスです。考えを発表する際には3人で分担してもよいし、進行の役割はいなくても変わってもよい。記録が間に合わなければみんなで手伝う。最終的には、そのときのメンバーで自然に話し合える姿を目指します。最初のうちは明確に役割分担をして、慣れてきたら子どもたちにどんどん話し合いの方法や形態さえも手渡していきます。それぞれが参加者としての責任を負うことができていればOKなのです。

大切なことは、教師が方法を紹介し、それを子どもたちが納得の上で使ってみて、**使い勝手が悪かったら、どんどんカスタマイズしていくという前提**なのだと思います。

③メンバーの組み方

少人数グループのメンバーは、どのように構成するとよいのでしょうか。

私は、授業の流れの中で子どもたちの求めに応じて、即座に全体での話し合いと3人組での話し合いを切り替えることができるように、教室の座席の配置をもとにして、座席が近いメンバーで3人組を構成するようにしています。

また、「司会」「記録」「発表」の三つの役割についても、話し合いの度に交代するようにして、どんな役割も果たすことができるようにします。わざわざ3人組のためのメンバー構成を考えるのではなく、教室での座席をもとにして3人組を構成することや、毎回自分の役割が変わることによって、初めて会った人、初めて組んだメンバーでも話し合いを適切に行うことができるようになることを目指しています。

④座席の作り方

今回の新型コロナウイルス感染症の影響によって、これまでどおりに机を向かい合わせて、顔を突き合わせて、話し合いを行うことが難しくなってしまった地域も多くあることと思います。そんな中、図1のように、一定の距離を保ちながら、話し合うことができる座り方として、机を三角形に配置して向かい合う方法をとることにしました。

もちろんマスクはしっかりと装着した上で、机と机の角は、手のひら分の距離をとって

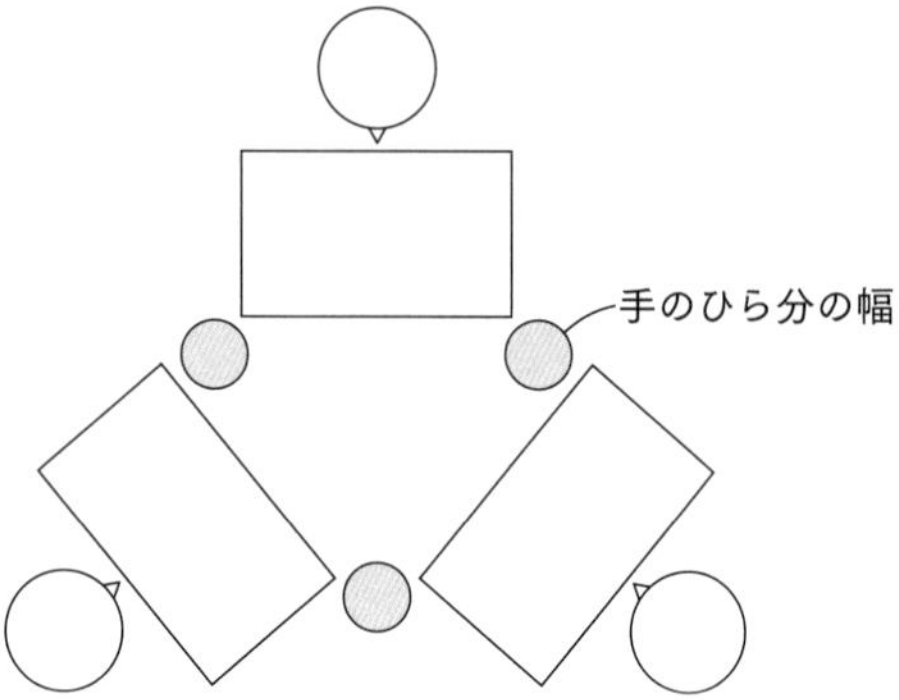

図1　3人組の座席

話し合います（言うまでもなく、各地域の感染状況などによって、柔軟な対応が必要です）。これまでは、3人が横並びになって机を合わせたり、3人が向かい合った状態でピッタリと机をくっつけたりした状態で話し合いをしてきた子どもたちに、この座席配置について聞いてみると、ある程度の距離はとりながら、お互いの顔を見て話すことができるという理由で、おおむねよい反応をもらっています。

　こうした座席の配置については、地域の状況によっては限定されてしまうところもあると思います。できれば、マスクをした上でもお互いの表情を見ながら対話できることが理想ですが、音声言語に頼らずに、ノートやホワイトボード、付箋紙、タブレット等を活用して、文字言語を主として交流する方法も考えられます。

少人数グループの人数と役割

3人組の話し合い

話し合いの目的や流れを意識して進行

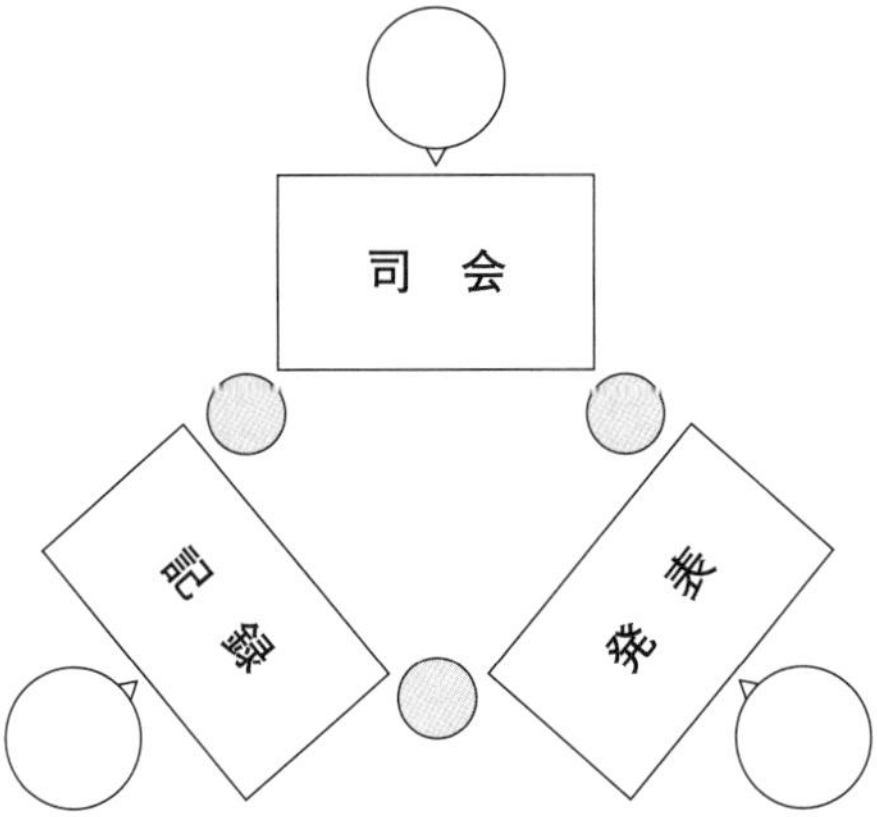

ホワイトボードや紙面に
対話の足跡を記録

話し合いのプロセスや結論を
代表者として発表

＊役割は毎回交代する
＊音声言語だけでなく、文字言語をメインとした交流も活用していく

探究の主人公としての子どもたちは、
話し合いの方法や形態も、**慣れたらカスタマイズ**していく！

3　考えるための技法（思考ツール）で少人数グループの話し合いを可視化する

子ども　グループで、ピラミッドチャートが使えそうかも。

教　師　○○さんが、ピラミッドチャートを使うといいんじゃないかと考えているんだけれど。みんなどうですか。

子ども　いいと思います。

この話し合いでは子どもたちは、思考ツールの中から「ピラミッドチャート」を選び、それを操作しながら話し合うことを選択していることが分かります。

①思考ツールで話し合いを可視化する

子どもたちには、例えば「比べる」というような、ある場面で求められている思考に適した、思考ツールを選び取る力を身に付けてもらうことを期待しているわけですが、そもそもどうして少人数グループの話し合いでこの思考ツールを用いているのかを考えてみたいと思います。

少人数グループでの話し合いは、主として音声言語を用いて交流を行います。しかし、その音声言語は、音声という特性上、その場にとどまることなく、消え去ってしまいます。だから、その瞬間に起きているグループ内のやりとりをなんとかしてとどめておく必要が出てくるわけです。

文字言語で話し合いのプロセスを書き表しながら、対話を進めていく。こうすることによって、個々の主張が可視化されて認識できるようになります。話し合いの現在地を参加者が確認しながら意見を交換し、途中で話し合いが別の方向に逸《そ》れていってしまったり、話し合いについていけなくなってしまったりすることを防ぐことができます。

また、それぞれが鉛筆やペンで考えを書き表したり、付箋紙に書いた情報を手で操作したりすることによって、すべての参加者に対して、話し合いに参加できる機会が保障され、話し合いが活性化することが期待できます。併せて、コロナ禍における現在、思考ツール上に置かれた（書かれた）情報を操作することで、音声言語で顔を突き合わせて話し合う回数を減らすことも期待できます。

②思考過程が見える思考ツール

この思考ツールについては、新学習指導要領でも「考えるための技法」としてその有用性が示されていますが、拙著『授業のビジョン』でも述べているように、思考ツールは決して万能なものではありません。思考ツールを使って情報を見やすく整理したり、操作化できるようにラベリングしたりすることによって、事実は認識しやすくなるのですが、一方で一人ひとりの思いや願いのようなものがこぼれ落ちていってしまう危険性をもっていることを私たち教師は、知っておく必要があります。

子どもたちが伝えたい内容から、より一般的に普遍化された事実のみを抜き出し、それらを一定の条件をもとに比べたり、分類したりすることによる行為そのものは、かなりドライな思考であって、本来子どもたちがもっている「でもさ……」とか「本当は……」というようなウェットな部分を削ぎ落としてしまう恐れがあります。

そこで、私は授業では「**思考過程が見える思考ツール**」として、一工夫して活用するようにしています。

例えば先ほどから出てきている「ピラミッドチャート」は、自分たちで設定した条件をもとにアイディアを比較していく際に使用するもので、比較し選抜されたアイディアを下段から上段へと操作していくことが多いと思います。その際に、どうしてそのアイディアを上げたのかを吹き出しで記録していくようにします。たったこれだけで、その情報の粒を上げたときの**思いや葛藤**を記録し、後でも振り返ることができるようになります。何も新たなフレームを生み出すわけではなく、**「判断した理由」や「迷い・葛藤」を箇条書きできる余白を設けるだけ**です。

そうした「思考過程が見える思考ツール」について、実際に少人数のグループで活用する頻度が高いものに絞って、どんな場面でどのように使っているのかを紹介したいと思います。

【ピラミッドチャート】〈比べる〉

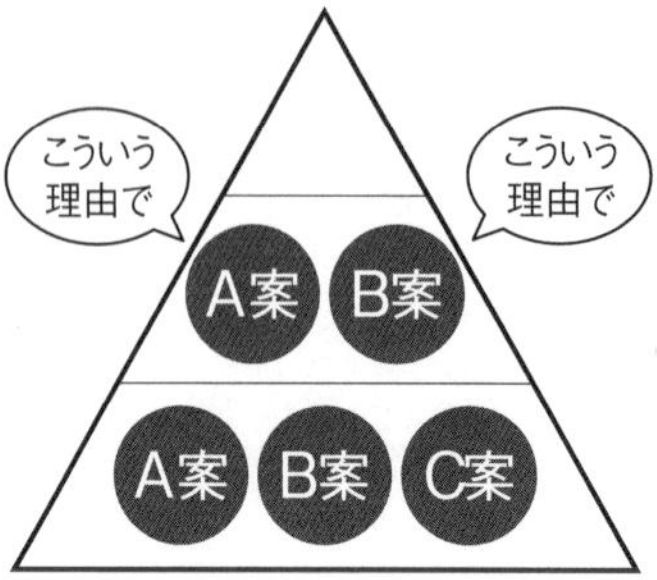

〇活用する場面

→多くのアイディアから、条件を満たす（クリアできる）ものを選択する場面

例：お楽しみ会で、どの遊びをするのか決めよう（学級会活動）

例：お米の魅力を広めるための食品は、どれがいいのだろうか（総合的な学習の時間）

〇事前の準備

〈教師〉

・アイディアを絞っていく際に、どんな条件が必要かを事前に想定しておく。

・子どもたちと共に課題を明確に設定し、どんな情報を事前に集めればよいかを明示する。

〈子ども〉

・事前に書籍等で調べたり、インタビュー等をしたりして個人として課題（目的）を十分に満たすものだと考える情報を集めておく。

〇実際の授業での活用場面

(1) 条件の確認をする。

(2) 3人のグループでピラミッドチャートを活用する。

(3) 全体での共有をする（グループごとに発表する。または、ワールド・カフェ的な手法で、他のグループの成果を見て回る）。

〇活用のポイント

・設定する条件は、満たすことができるかどうかをはっきりと判断できるものにする。

×「楽しむことができる」

〇「クラスの全員が参加して、楽しむことができる」

・ピラミッドチャートで設定する条件は、子どもたちと共に話し合って決めたい。

・1つのアイディアを上に上げるときは、話し合いに参加している全員が納得しているものだけにする。

・根拠をはっきりとさせ、グループの思考の流れの足跡を残すために上に上げたものは、吹き出しでどうして上げたのかを記録する。

【メリット・デメリット表】〈比べる〉

メリット	デメリット
○ ○ ○ ○ ○	△ △ △
【結論】 ○○は～～なので、やることにする。	

○活用する場面

→1つのもの・ことに対するメリットとデメリットを明らかにして、結論を導き出す場面

例：日本が鎖国を続けたことによるメリットとデメリットを明らかにしよう（社会）

例：私たちが公園の清掃活動に取り組むことは本当に地域の役に立つのか（総合的な学習の時間）

○事前の準備

〈教師〉

・判断に必要な情報を十分に共有した後で、メリット・デメリット表を使うことができるように、全体でディスカッションする時間を確保する。併せて、全体の話し合いでどの話題に論点が焦点化されるか予想しておく。

〈子ども〉

・（授業の流れによっては）事前に個人でメリット・デメリット表を使って、対象の分析をしておく。

○実際の授業での活用場面

(1) 課題の確認をする。
(2) 本時の課題について拡散的に話し合い、論点を明らかにする。
(3) 3人のグループで、焦点化された論点についてのメリットを出し合う。次にデメリットを出し合う。その結果を踏まえて、判断をする。
(4) 全体での共有をする（グループごとに発表する。または、ワールド・カフェ的な手法で他のグループの成果を見て回る）。
(5) クラス全体で、共有したグループの話し合いの結果をもとに結論を出す。

○活用のポイント

・本時の課題について十分に話し合い、論点が焦点化された上で、ある1つのもの・ことについてメリット・デメリットを分析する際に活用する。
・3人のグループで、意見を出し合いながら活用する。
・判断するときの視点として、○と△の数を基準としてもよい。学年が上がるにつれて、1つひとつの意見の質的な重みを考慮して、結論を導き出せるとよい。

【PMI シート】〈評価する〉

Plus	Minus	Improvement
（プラスのこと）	（マイナスのこと）	（改善したいこと）
◎ ◎ ◎ ◎	△ △ △ △	◇だから〜したい。 ◇〜するとよい。

○活用する場面

→自分たちで行った取組を評価する

例：自分たちのイベントはまちの人に喜んでもらえたのだろうか？（総合的な学習の時間）

例：学級目標の達成に向けた１か月の取組を振り返ろう（学級会活動）

○事前の準備

〈教師〉

・子どもたちが個人で書き込んだ PMI シートに事前に目を通しておき、焦点化すべき論点を事前にいくつか想定しておく。

〈子ども〉

・PMI シートに自分たちで行った取組について、P（プラスのこと）、M（マイナスのこと）、I（改善したいこと）の視点で記入しておく。

○実際の授業での活用場面

(1) 課題の確認をする。

(2) P（プラスのこと）を出し合う。次に M（マイナスのこと）、I（改善したいこと）の視点で考えを出し合う。

(3) 個々のアイディアとして出された改善点を俯瞰し、クラスとして取り組む改善点について話し合う。または、個人で取り組む改善点を選択する。

○活用のポイント

・一人ひとりが PMI シートを使って事前に評価したものをもとにして、少人数グループまたはクラス全体で話し合う。

・話し合いの流れを子どもと決定する際に、P と M と I を順番に話していくか、混ぜて話すかを決定する（オススメは、Plus を話し合った後に、Minus と Improvement を合わせて話していく流れ）。

・Minus で「〜がまだできていなかった」、だから Improvement で「〜をした方がよいと思う」というように、建設的な話し合いになるようにする。

・PMI シートで全体の傾向を可視化してから、Improvement から個人で取り組みたいことをマグネットで選択したり、クラスとしての取り組むべきことについて話し合ったりする。

【ランキングシート】〈順位付けする〉

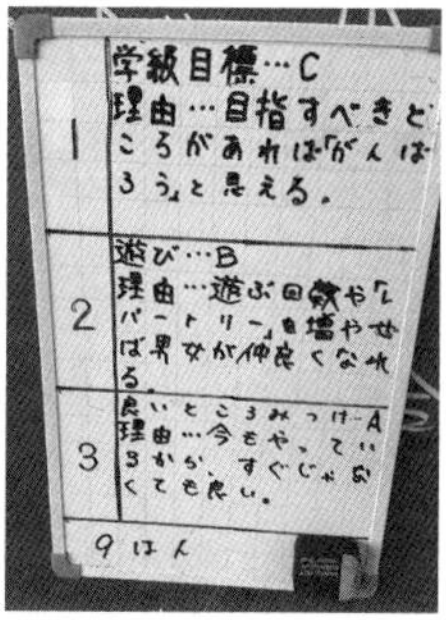

Q.問うべきテーマ

1	A案
	・理由 ・理由
2	B案
	・理由 ・理由
3	C案
	・理由 ・理由

○活用する場面

<u>→集めた情報について、根拠を明らかにして順位を付ける</u>

例：私たちが取り組むべき、ゴミを減らす方法はどれだろう？（社会）

例：音楽会で発表する歌は、どれがよいのだろう？（学級会活動）

○事前の準備

〈教師〉

・判断に必要な情報を共有した後で、ランキングシートを使うことができるように、全体でディスカッションする時間を十分に確保する。

・全体での話し合いで焦点化されそうな論点を予想しておく。

〈子ども〉

・順位付けするに当たって、全体の話し合いで出された情報について、理解が不十分だったり、疑問があったりする場合は、事前に質問をしておく。

○実際の授業での活用場面

(1) 課題の確認をする。

(2) 拡散的に出し合った複数のアイディアから、3つ選び出す。次に、それぞれを選んだ根拠を記入する。

(3) 書き出した根拠を俯瞰して、話し合った上で、順位を記入する。

(4) 全体での共有をする（グループごとに発表する。または、ワールド・カフェ的な手法で他のグループの成果を見て回る）。

○活用のポイント

・少人数のグループで情報を選択する場面だけではなく、個人で選択する場面にも用いることができる。

・シートには、ランキングの数字は前もって入れておかない。子どもが根拠を書き、最後にランキングの数字を入れることができるように空欄にしておく。

・いくつか根拠を書き入れているうちに頭の中が整理され、順位付けしたくなる子どもも出てくる。その場合には、無理にすべて根拠を書き出さなくてもよいことを伝える。

4　少人数グループでの話し合いの結果を共有する

教　師　では、10分たったけれど、それぞれのグループでの結論は出ましたか。

子ども　なんとか、結論までたどり着きました。大丈夫です。

教　師　では、それぞれのチームで、すべての条件を満たしたものを教えてくれる？

子ども　ぼくたちのグループでは、文句なしでトランプと折り紙が一番上に上がりました。理由は、どちらもやりながら交流できると思ったからです。

子ども　○班も同じで、トランプと折り紙、将棋が上がりました。大きな理由は、この三つは直接触れ合わないことが大きかったです。それでいて、交流もできると思いました。

子ども　△班は、折り紙とトランプ、オセロが一番上に上がっています。折り紙は、お互いに教え合うことができると思ったからです。オセロとトランプは、ルールが難しくなくて話しながらできるからです。

子ども　ぼくらは、オセロですね。直接触れ合わないし、相手と雑談しながらできるからです。あと、あれですね。裏返すだけのルールは誰でも安心できるから。

〈各グループからの報告が続く〉

子どもA　なんか、違う。
教　師　うん？　違うってどういうこと？
子どもA　実は、みんなの話を聞いていて、感じていることがあって。ぼくたちのグループでは、オセロとか将棋は、ちょっと当てはまらないんじゃないかという話になってるんだけど……。
教　師　どういうこと？　ちょっとみんなと捉え方に違いがあるってことかな。もう少し詳しく教えてもらってもいい？
子どもA　ぼくらのグループでは、将棋もオセロも1対1でやるものだから、それって一番大切にしている交流が少ないんじゃないかなという話になってるんです。ぼくだったら無言になっちゃう。
教　師　おーっ。なんだか、多くの人たちが考えている方向と違うっぽいんだけど。みんなは今のAさんの話についてどう思う？
子ども　Aさんにアドバイスで、高齢者の方と二人でチームになればいいんじゃないの。
〈クラスが一瞬ざわつきだす。数名の子どもが意見を伝えようと、手を挙げている〉
教　師　よしよし、1対1だと交流が少ないんじゃないかということなんだけど、まだち

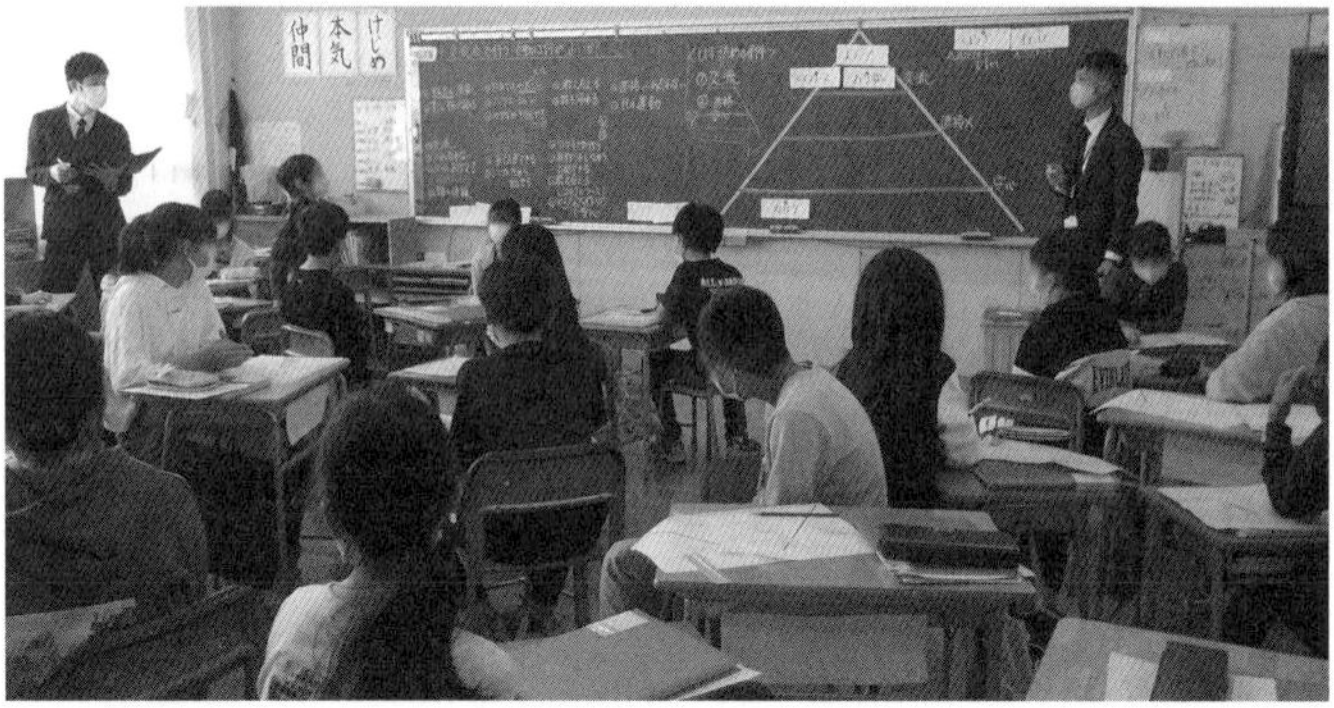

写真３　ピラミッドチャートの結果を全体で共有する

ょっと考えがまとまっていない人もいるみたいだから、みんなはどう思っているのか、ちょっとグループの時間をとってみてもいいかな。

子ども　話してみてもいいかも。

子ども　はい。お願いします。

〈グループでの話し合いの場面へ〉

この一連のやりとりは、ピラミッドチャートを用いた少人数グループでの話し合いを終えた後の全体共有の場面の様子です。それぞれのグループが条件を満たしたものを発表していきました。ピラミッドチャートの結果について理由を付けて伝えていきますが、当然、すべてのグループの結果が同じになるはずがありません。

上の写真３の板書も手助けとなって、各グループの結果の違いが全体共有の場面で認識されることによって、Aさんから次の意見が出されました。

「実は、みんなの話を聞いていて、感じていることがあって。ぼくたちのグループでは、オセロとか将棋は、ちょっと当てはまらないいんじゃないかという話になってるんだけど……」
「ぼくらのグループでは、将棋もオセロも1対1でやるものだから、それって一番大切にしている交流が少ないいんじゃないかなという話になってるんです。ぼくだったら無言になっちゃう」

これらは「疑問」や「違和感」が表出されている発言と言えます。「**多くの仲間が感じていることと自分の感じ方・考え方の違いを素直に伝えることができること**」。こういった素朴で素直な発言は、本音の一つの姿だと捉えています。

実際に、この発言が引き金となって、「1対1だと交流が少ないのではないか」という論点が浮き彫りになっていきます。そして、この問いは、子どもたちの「交流」というものに対する捉え方を揺さぶる問いとなります。

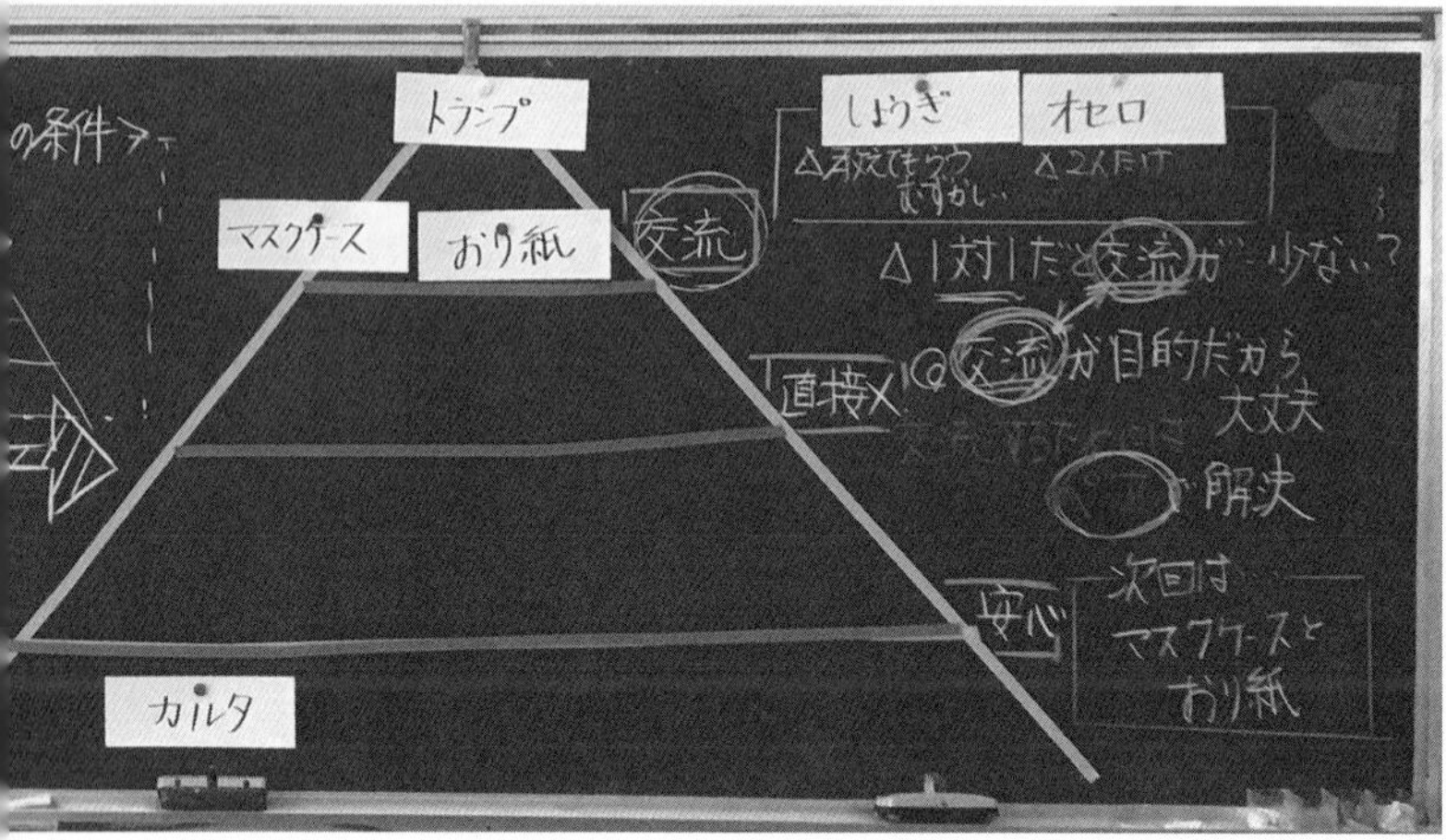

にあった、活動内容の札を、ピラミッドチャートに移動している）

そもそも、「交流」とは何なのか。この単元の中核となるキーワードについて話し合うことによって、一人ひとりがもっていたイメージの違いが浮き彫りになっていくわけです。特に総合的な学習の時間においては、こうした活動の中心となるキーワード、今回でいうと「交流」ついて、他の友達がもっている捉え方や考え方、体験から得た情報をやりとりすることによって、はじめは一般的な言葉であった「交流」が、自分たちの言葉で意味を付け加え、豊かなストーリーを伴った概念へと成長していくのです。

実際に、子どもたちは「交流」というものの各自の捉え方をグループで話し合った後に、全体で次のように考えを共有しました。

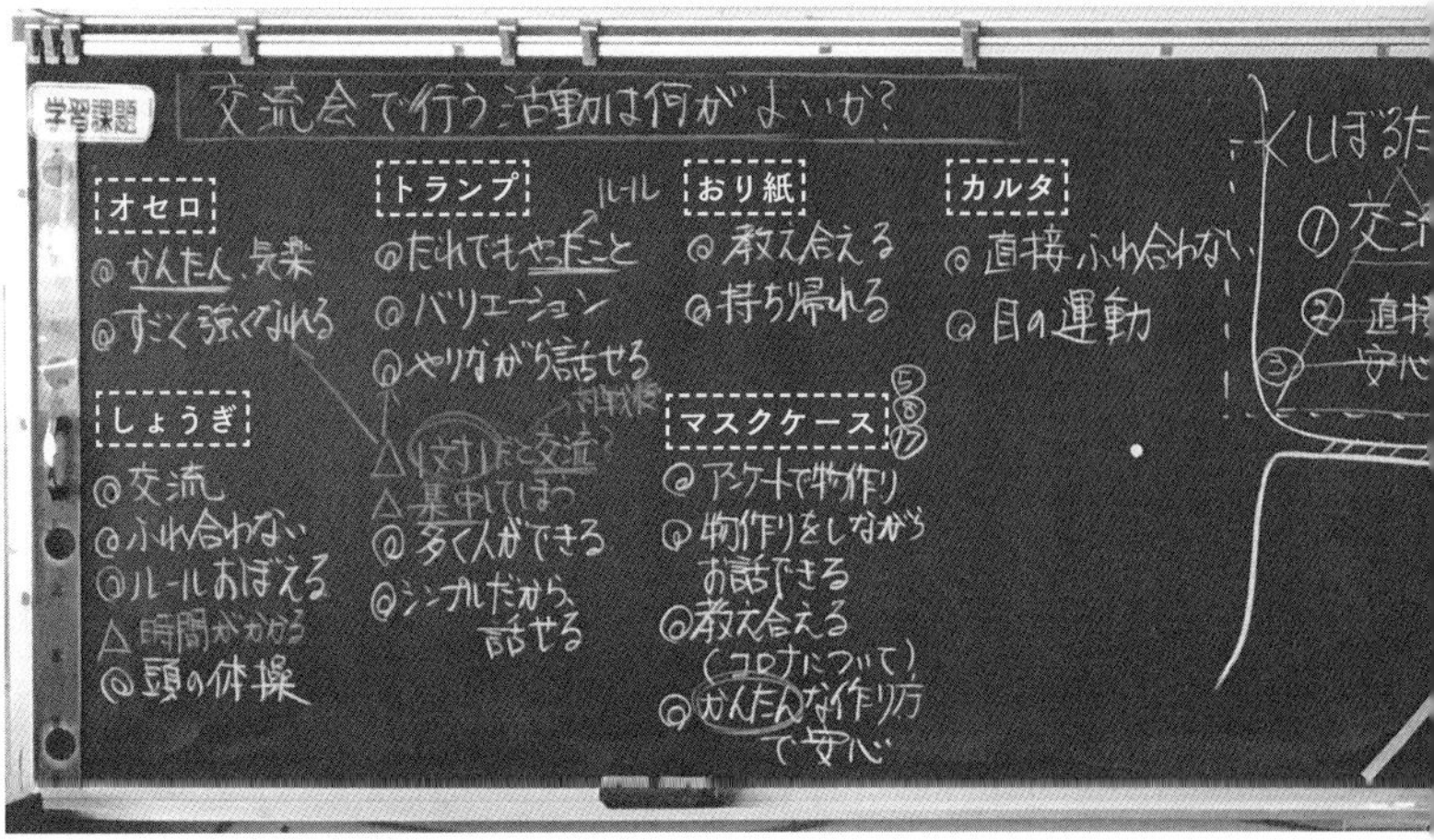

写真4　板書「交流会で行う活動は何がよいか？」ピラミッドチャート（※左側

子ども　なんだか、将棋とオセロは、1対1でやるものだから。私たちも交流が少ないと思えてきました。

子ども　うん、将棋とかオセロって、交流が目的なんだけれど、強い人と弱い人で差がついてしまう。

子ども　それでも、ぼくは将棋とオセロは交流できると思っています。本気でやる必要はないわけで、交流が目的だから、勝ち負けはあんまり関係ないと思うんです。

子ども　私もやっぱり、今回は本気で勝負するわけではなく、交流が目的だから、やりながらお話しすることも交流の一つになるんだと思います。

教　師　ちょっと私もしゃべってもいい？　1対1だと交流が少ないいんじゃないの、と言われていて、交流が目的だから大丈夫ってなってるんだけれど。

「交流」って何なの？

子ども　交流って、お話しすることだと思っています。

子ども　ぼくは、しっかりと話し合うことだと思います。

子ども　人数が問題なんじゃなくて、1対1でもちゃんと、深く関わる、お話しできればいいんじゃないかな。

子ども　たくさんの人と関わったからって、関わりが少なければ交流したって言えないこともあるかも。

子ども　私は、高齢者の方と私たちでペアになって教え合うことや、協力することも交流なんじゃないかなと思い始めています。

子ども　前に、区長さんからお話を聞いたときに、今は助け合うこと、絆が減っていること、ぼくたちと高齢者だけではなく、高齢者の方々同士もつながっていくことが大切なんだと思いました。

写真5は、一連の話し合いを終え、授業の終わりにある子どもが書いた振り返りです。

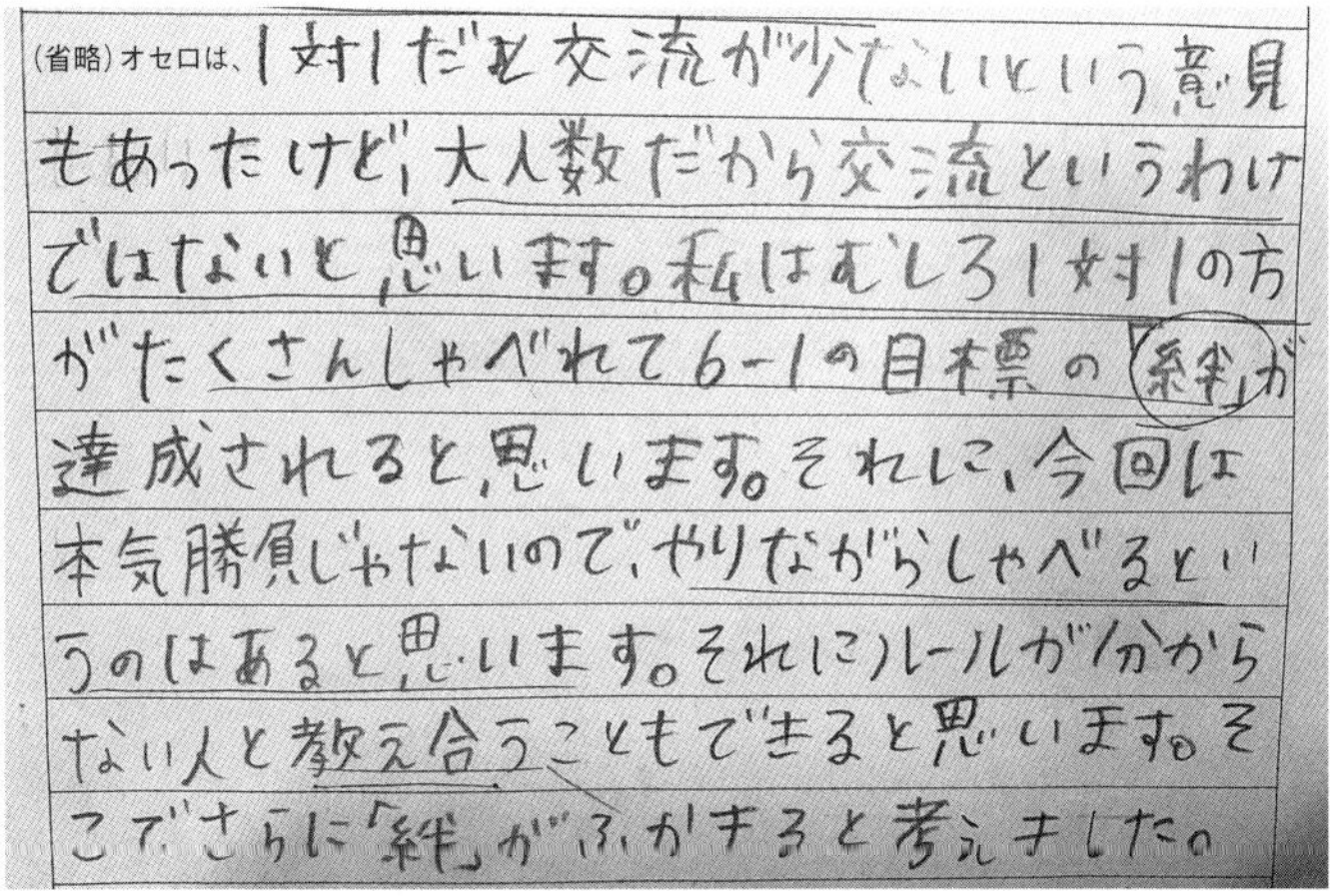
（省略）オセロは、1対1だと交流が少ないという意見もあったけど、大人数だから交流というわけではないと思います。私はむしろ1対1の方がたくさんしゃべれて6-1の目標の「絆」が達成されると思います。それに、今回は本気勝負じゃないので、やりながらしゃべるというのはあると思います。それにルールが分からない人と教え合うこともできると思います。そこでさらに「絆」がふかまると考えました。

写真5　子どもの振り返り（「交流」概念の拡張）

この子は、大人数だから交流というわけではないこと、むしろ1対1の方がたくさんしゃべることができて、絆が深まること、また、教え合うことでさらに絆が深まる、というように「交流」そのものへの捉え方が拡張してきていることが読み取れます。

5　少人数グループでの話し合いを全体で共有する方法

前述の総合的な学習の時間の話し合いでは、発表者の役割を担う子どもが各グループで話し合った内容を伝えることによって（3人が助け合って自分たちの考えを伝えたグループもある）、ある子どもの本音を引き出し、さらにはその本音からクラス全体で話し合うための論点が焦点化されていきました。

このように、少人数グループで話し合った内容を伝え合う場面は、さらに話し合いが深まっていく局面を生み出す重要な引き金の役割を果たす場合もあります。こうした、3人組で話し合った内容の共有の仕方について、三つの代表的な方法の特徴を考えてみたいと思います。

①グループとしての結論を伝える方法

こちらが最も一般的な共有の方法だと思います。自分たちが話し合ってきた成果物（ホワイトボード・ワークシート等）の実物を提示したり、画面上で見せたりしながら話し合いのプロセスと結果を伝えます。

この方法のよさは、自分たちが話し合った内容を分担して、そのまま伝えることに主眼が置かれるので、子どもたちにとって伝えるという行為自体のハードルが高くないということにあります。普段から当たり前のように行われていて、簡単にできてしまう方法だからこそ、注意したいのは、「お互いに他のグループの話を聞きたいと思っている」、または「**聞き合う必要性を強く感じている**」場面で用いるということです。そうでないと、子どもたちにとっては、話し手が一方的に伝えている「発表会」または「報告会」となってしまいます。

大切なことは、お互いの考えを聞き、それを自分たちの考えをよりよくするための情報として活用しようとする姿勢そのものなのです。だからこそ、こうした報告をする際には「**何のためにするのか**」「**どんなふうに聞くのか**」「**聞いた後はどうするのか**」を子どもに常に問い返し、学習の目的や方法を自覚的に選び取っていく姿を目指しています。

②個人の考えとして伝える方法

こちらは、グループの話し合いの後、個人として自分の考えを全体に向けて伝える方法です。教科や場面にもよりますが、私は、前述の「グループの考えとして伝える方法」と比べると、「**個人の考えとして伝える方法**」をクラスで取り入れていることが多いです。

その理由は、課題に対して個人としてどう考えたのかを責任もって話すことができることにあると思います。言い換えると、**人任せにせずに個人として課題について最後まで考え抜く姿勢を育むことができる**というよさにあります。

そもそも、何のために3人組で話し合うのでしょうか。結局のところ、私は3人組での話し合いは、個人としての考えや主張を固めるための情報交換の場としての役割を果たしていると考えます。3人組の対話によって、メンバーから新たな情報を得たり、メンバーと共に新たな知見を生み出したりした上で、最終的に自分はどう判断したかということに価値を置いています。だからこそ、3人組で話し合った後は、できる限り個人としての考えを全体に伝えることを大事にしています。

一方で、この方法を用いる際の注意点としては、3人組の話し合いの後に無理に挙手を促さないことです。まだまだ頭の中が整理がつかない子ももちろんいるはずです。だからこそ、考えがまとまった人から話してもらえばよいし、全員がまとまっていないようだったら、自分の考えを書く時間としてもよいのです。

③ワールド・カフェ的な方法

三つ目は、各グループに各々が説明を聞きに行く方法です。具体的には、以下の手順で子どもたちが他のグループとの対話を行うようにしています。

①話し合いの成果物（ホワイトボード・ワークシート等）を机の上に置く。
②説明担当として、チーム内から一人残る。
③説明担当以外の二人は、メモ用のノートや用紙を持って他のチームの成果物を見に行く。

④二人はバラバラに動き、説明係の話を聞く（気になるところは質問をしてもよい）。
⑤半分くらいの時間が過ぎたら、説明係を交代する。
⑥自分のグループに戻り、集めてきた情報をもとにして自分たちの話し合いの結果を見直したり、付け足したりする。

この方法のよさは、一方的に聞くだけではなく、質問をすることにより充実した情報の収集ができることにあります。自ら情報を取りに行くというところが他の方法と大きく異なる点です。

このワールド・カフェ的な共有の方法には、いくつものアレンジが考えられます。例えば、説明を聞かせてもらった相手のグループにコメントを付箋紙で残していく方法、説明係は残さずに3人組で話をしながら、一つずつ順番に回っていくような方法もとることができます。3人組で一緒に回る方法だと、同じ瞬間に同じものを見ることができるので、自分たちのグループに戻った後、改めて行う話し合いの時間を短くすることができます。

これまで紹介してきたような「思考ツール」や「話し合いの方法」のような「問題解決を行う際の便利な道具や方法」については、教師が与えてくれるから、なんとなく使っているのでなく、子どもたちが必要に応じて自覚的に使いこなすことを目指しています。まずは、教師がこれらの方法を紹介し、適していると考えられる場面で子どもたちに試してもらう、そしてその方法についての振り返りを行うというプロセスを経て、子どもたちが納得した上で選び取っていくことができるように子どもたちに手渡すことが大切です。ステップとしては、次のように成熟していくことを期待しています。

ステップ1　教師が提案して、子どもたちから納得を得た上で使う
↓
ステップ2　子どもたちと相談しながら、一緒に方法を選択する
↓
ステップ3　子どもたちが自分たちの力で最適だと考えるものを選択する

どんな段階であろうとも、「学びの主人公は子どもたち」ということさえ忘れなければ、子どもたちと共に学びをつくっていくことはできると信じています。

少人数グループでの話し合いを全体で共有する方法

1 グループの考えとして伝える方法

○方法
成果物を見せながら話し合いの**①プロセス→②結論**を発表

○適した場面
各グループの話し合いの結果を共有して、全体の傾向をつかみたいとき

○留意点
事前に、**①何のために／②どんなふうに聞き／③聞いた後どうするか**、を確認する

2 個人の考えとして伝える方法

○方法
話し合いで得た新たな情報や知見を経て、**最終的に更新された自分の考え**を発表

○適した場面
焦点化された課題に対して、個々がどのように考えているのか、お互いの判断を伝え合うとき

○留意点
グループの話し合いを経て、個人としての判断を伝える／無理に挙手をさせない

3 ワールド・カフェ的な方法

○方法
①成果物を机上へ→②説明担当は滞在→③説明担当以外は他チームへ→④説明係の話を聞く→⑤説明係交代→⑥集めてきた情報を自チームで共有

○適した場面
短時間で他チームの情報をたくさん収集したいとき

○留意点
他のチームと考えと自分たちの考えを比べながら聞く／質問は積極的にする／新たな気付きはメモを取って、自分のグループで共有する

↓

ステップ① 教師が提案して、子どもが納得して使う
ステップ② 相談しながら、一緒に選択する
ステップ③ 自分たちの力でより最適なものを選択する

「個性」を理解し合う

続いて、私が6年生の担任をしていたとき、1年生と行うお楽しみ会の計画について学級会で話し合っている場面を紹介したいと思います。

子ども　1年生とのお楽しみ会の遊びは、鬼ごっこがいいと思います。
子ども　ぼくもそう思います。1年生もルールを知っているから、鬼ごっこがいいと思います。
子ども　でも、走る速さが違うから、本当にお互いに楽しめるか分からないところが、心配です。
子ども　だから、6年生は歩いて鬼ごっこすればいいと思います。

子ども　それって、手を抜いて参加するってことでしょ。

子ども　でも普通に走ったら、すぐにタッチできちゃうから、1年生が楽しめないと思うから、歩いたらちょうどいいと思う。

するとと、ある子が切り出します。

子ども　1年生は、6年生が歩いて参加して、ある意味、手を抜いて遊んでくれていることが楽しいのかな。ぼくは、1年生はそれじゃ楽しめないと思うんだけど……。

この後、少しの沈黙が訪れました。他の子が、

子ども　それって、手を抜いている遊びじゃ楽しめないということ？　もう少し詳しく聞かせてほしいんですけど。

子ども　ぼくは、まず1年生のために今回のお楽しみ会があると思っていて、その遊びは、やっぱり1年生も6年生もどちらも楽しめるものが大事だと思うんです。どっちかが相手に合わせて、無理をしても……1年生は本当に楽しめないんじゃないかな。

教師の私も話し合いに参加して、尋ねてみました。

教　師　ということは、歩くということ自体あんまりよくないと思っているってこと？

子ども　うん。合わせるんじゃなくて、お互いに楽しめるものにしたいと思う。

こうして、話し合いはお互いに楽しむことができる遊びはあるのか、という展開に進んでいきました。

本音を出し合うことができるクラスには、「もう少し詳しく聞かせてほしいんですけど」というように「**改善点や新たな提案を受け入れることができる**」雰囲気があります。その根幹には「勇気を振り絞って話してくれた○○さんの意見を大切にしよう」という温かい思いがあります。本音を伝えること自体、心理的なハードルが高いため、受け止める側にはより一層、相手の立場に立って、意見をしっかりと受け止め、尊重しようという寛容さ・温かさが求められます。

「まずは、〇〇さんが言いたいことをしっかりと受け止めよう」
「〇〇さんが言っていることだから、聞いてみよう」
「きっと、〇〇さんが伝えたいことは～にちがいない」

という、**聞き手の寛容さ**と相手への深い理解が土台となります。このような聞き手の受容的な雰囲気は、

「きっと、〇〇さんは、私が伝えていることの本心を分かってくれる」
「たとえ、最初は理解されなくても、このメンバーならじっくりと伝えれば分かってもらえる」

という、**伝える側の安心感**を生み出します。お互いに本音を伝え、それを受け入れることができる集団は、その場の話し合いの条件や設定を超えたところで、お互いを理解し合い、信頼関係のもとでつながり合っているのです。

今日の話し合いで思っていることを伝えることができてよかったです。受け入れてもらえるか心配だったけれど、あのまま話し合っていると、本当に1年生のためになる交流会にはならなかったと思います。次の時間は1年生も6年生も一緒に楽しめる遊びをみんなで考えていきたいです。

これは、前述の一年生とのお楽しみ会についての話し合いで、自分の違和感を伝えてくれた男の子の授業後の振り返りの記述の一部です。この振り返りから、心配を抱えていながらも、思いを伝えることができたことへの満足感、そして次の話し合いに向かう期待感さえも読み取ることができます。

このような「**改善点や新たな提案を受け入れることができる**」雰囲気づくりにおいて、大切なことは、まずは「**お互いの個性を理解し合う**」ところから始まると考えています。

オンラインでの探究から見えてきたこと

緊急事態宣言による一斉休校の後、新型コロナウイルス感染症の影響が残る中で、私は直接会ったことがない全国の様々な地域に住む10名以下の小学生の子どもたちと共に、コロナ禍の中で、自分たちの暮らしをよりよく変えることを目指し、探究的な学習を行うというNHKのプロジェクトに参加する機会を与えていただきました。

オンラインという特殊な条件下で子どもたちと共に探究的な学習活動をしてみた際に、対話における「お互いの個性を理解し合う」ことの重要性を特に強く感じました。

6月からおよそ8週間、毎週末に1時間~2時間程度のオンラインミーティングを行っていきました。コロナ禍と呼ばれる状況下において、自分たちにできることは何かということをテーマに、画面を通してお互いの意見を交換しました。

始まったばかりの頃は、対話をしていくというよりは、司会の私を介して個々の考えを全体に伝えていくという形態でミーティングが進んでいきました。テーマに関わるやりとり以外はほぼない状態で話し合いが進んでいくため、しっかりと個々の主張を聞くことに集中することができます。これは、オンラインでのやりとりにおける際立った特徴と言えます。しかし、相手の主張に対する意見を伝えたり、改善点を伝え合ったりできるようになるまでには、時間を要しました。なかなか対話と呼ぶことはできない状態が続いていたのです。

このメンバーの中で対話を成立させるため、まずはミーティングの回数を重ねる必要がありました。併せて、この期間中には直接会えないことやミーティングの回数も限られていることから、お互いのことを知り合ったり、個々の関わりの回数を増やしたりする必要を感じていました。そこで、次の四つの工夫をしてみました。

一つ目は、全体でのミーティングを終えた後、必要に応じて個々の思いを聞く時間をとること。二つ目は、ミーティング後の個々の振り返りを文字言語と動画によって、参加者全員で共有できるようにしたこと。三つ目は、積極的に小グループで話し合う時間を取り入れていったこと。四つ目は、チャットなどのミーティング以外にも交流できる場を準備したことです。

すると、徐々に子どもたち同士はお互いのことを名前で呼び合い、自分たちで話し合いを進めることができるようになっていきました。ときには、私が指名する前に自分から発言をしたり、私の代わりに話し合いを整理したりする姿も見られるようになってきました。プロジェクトの後半では、明らかに私の発話量よりも子どもたちの発話量が増え、子どもたちに話し合いを委ねることができるようになりました。

このような特殊な条件下で行った取組であるからこそ、際立って見えてきたことがあります。

それは、お互いの個性を知り合うことで、安心して本音が出せるようになってくるということです。私の思う「個性」とは、いわゆる好き・嫌い、得意・不得意、思考や行動の傾向やその人がこうでありたいという願望も含めた、「その人のありのまま」を示します。決して、周りと比較した際に秀でている特徴のみを示すわけではありません。

実際に、どんな話題のときにどんな反応をする相手なのか、どんなベースがあって現在の発言をしているのかを理解することによって、考えをその相手ごと受け入れることができるようになっていきました。ミーティングの司会をしていた私も、プロジェクトの後半では「〇〇さんは、きっとこの場面ではこういう反応をするだろうな」とか、「ここが気になるんじゃないか」と話し合いの中の反応を予測したり、「この発言の裏にはきっと〜という思いがあるはずだ」と発言に隠された思いを想像したりしながら、その場の反応だけではなく、個人の考えの背景を理解しようとした上で話し合いをコーディネートしていくことができるようになってきました。

これは、クラスの対話においても同様のことが言えます。これまで述べてきたように、お互いのことをよく知り合えていない集団では、安心して本音をさらけ出すことは困難です。加えて、クラスという集団はそのとき、その瞬間の話し合いだけの付き合いだけではなく、その後もずっと関係性が続くわけですから、事情はより複雑です。だからこそ、何を言ってもこのクラスの仲間は受け入れてくれるという安心感とそれを支える支持的な雰囲気が欠かせません。そうしたクラスの安心感や支持的な雰囲気を醸成し、素朴な疑問や違和感を伝え合うためには、まず、**「お互いの個性を知り合っている」**ことが重要な土台となります。

つまるところ、「**このクラスにはいろんな人がいて、いろいろ毎日起こるんだけれど、みんな欠かせないクラスの一員なんだよな**」と思えるクラスこそが、それぞれが個性を十分に発揮し、お互いの個性を尊重し、認め合うことができているクラスと呼ぶことができます。とりわけ話し合いの場面における「このクラスはどんなことを言っても受け入れてくれるんだ」という圧倒的な安心感は、自分自身がこの集団で受け入れられているんだという感覚と言えるでしょう。

そうした子どもたちの関係性をクラスにおけるすべての活動を通して育んでいくことを目指しているわけですが、お互いの個性を尊重し、認め合う前に、まずはお互いの個性を知り合っているということが前提となるわけです。

では、お互いがお互いのことをよく知り合っていくためには、クラスで何をどうすればよいのでしょうか。子どもたちの関係づくりのエクササイズ等には様々なアプローチがあります。どんなクラス、どんな学年にもフィットする万能の方法はないことも明らかですが、ここでは、私自身が担任として試行錯誤し、改善を加えながら行っている「お互いの個性を知り合う」ための取組に焦点を当てて紹介したいと思います。

お互いの個性を知り合うために

「お互いの個性を知り合う」とは言い換えれば、クラス内で知らない人を少なくすること、関係性が少ない人を減らし、つながりをつくっていく営みだと言えます。

「〇〇さんは音楽が好き」
「△△さんは、毎朝元気に挨拶をしている」
「□□さんは、いつも掃除を一生懸命している」

「自分が困っているときに、そっと声をかけてくれた◇◇さん」

というように、お互いの好きなことや普段の行動の様子を知り合えている姿だと想像してもらうと分かりやすいと思います。ただし、個性を理解し合うとは、そう単純なことではありません。

いつもは明るく前向きなAさんが、体育の鉄棒運動になると消極的になる場合もあるだろうし、昨日までなかなか授業で発言することが苦手だったBさんが今日の授業では手を挙げて話をすることもあるわけで、状況によって見せる姿が異なることなど日常茶飯事です。子どもたちは日々変化し、成長し続けているからこそ、小さな理解を積み重ねていくことがお互いの個性を理解し合うことにつながっていくと信じています。

1 教師と子どもが知り合う

教師は、子どもたちと共にクラスをつくる一人です。クラス内でお互いのことを知り合い、つながりをつくっていくという営みは、子ども同士の関係にのみ言えることだけではありません。教師と子どもの関係性も重要な視点として、欠くことはできません。

しかし、教師と子どもの関係性は子どもたち同士のそれとは少し異なります。教師には指導する役割や評価する役割があり、そうした役割はときに権威として子どもの目に映ります。だから、教師こそ、子どもとお互いに知り合うこと、つながりをつくるということをより一層、丁寧かつ意識的に行っていく必要があるのだと思います。

いつも私が大切にしているのは、「**自分が子どもとしてこのクラスにいたら、今の状況をどう感じているのだろう**」と自分に問い直すということです。自分にも同じ時代があったはずなのに、教師（大人）という立場になってみると、子どもたちが感じていること、考えていること、大切にしていることが見えなくなってしまうのです。だからこそ、まずは子どもの立場になって、**子どもたちが見ている世界の一端を知るところから始める**必要があるのではないでしょうか。

①感謝を伝える

子どもたちからすればクラスとは、年度当初に（複数年続く場合もありますが）メンバーも教師も決定された状態で当然のように大人から発表されるものになっています。そうした集団の中で、子どもたちはクラスの仲間と関係性を築き、日々を大切に過ごしています。学校に行くことが待ち遠しい日もあれば、ときには学校に来ること自体が辛い日もあるはずです。だから、私は毎朝の健康観察で、子どもが返事をしてくれた際、一人ひとりに「ありがとう」を声に出して伝えるようにしています。

例えば給食の配膳や日直など、学校生活だからと子どもたちが当たり前のように行っているように見えることでさえも、私たち教師はもう一度捉え直す必要があるのだと思います。現状、日本の学校では当然のように子どもが役割を担って行っている行為は、日々の子どもの意識や努力が基盤となってクラスや学校のために行われてきたことなのではないでしょうか。

さらには、私たちが見ようとしないと見落としてしまうような、その子が人知れず行っている親切や努力もたくさんあるはずなのです。もちろん、すべてを察知することなど、できるはずがありません。だから私は、できる限り利他的な行動や努力のプロセスを感じたその瞬間、感じたままに、子どもに伝えるようにしています。伝えることができないときには、専用のノートや端末に子どもたちへ伝えたいことをメモしておいて、改めて後で伝えたり、小さい手紙（カード）に書いて渡したりする場合もあります。こうした行為が

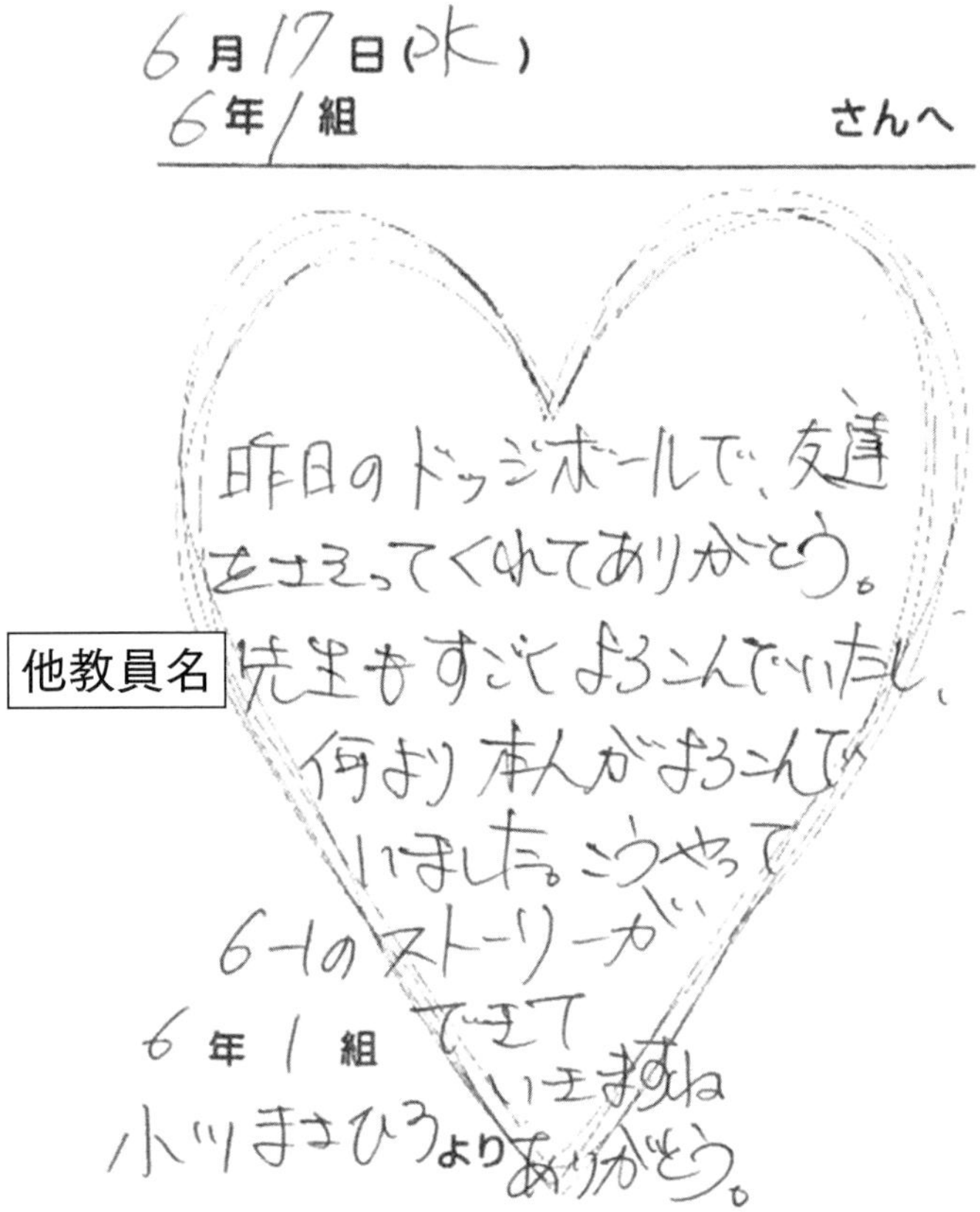

写真6　手紙で子どもに感謝を伝える

私たちの日常になってくると、自然に一人ひとりの子どもをよく見ようとすることが習慣化されていきます。その子の行為の根底にある思いを汲み取ろうとする努力なしに、感謝の気持ちを伝えることはできないからです。

「**そこにあなたがいてくれるだけで、感謝しています。ありがとう**」

この気持ちを、素直に伝えられる自分でありたいと思います。

②質問から始まり、笑顔で終わる

こちらも教師としては、本当に当たり前のことかもしれませんが、私自身はできる限り1日1回を目指して、全員の子どもと話をするように心がけています。子どもの中には、自分から積極的に話しかけてくる子もいれば、そうすることができない、しない子どももいます。だからこそ、自分から声をかけてみることを大切にします。

子どもに話しかける際には、なにげなく「昨日テレビ見た？」とか「今日、ちょっと寒いね」「〜をしてくれたのは○○さんですか？」という気軽な内容で声をかけていくようにしています。肩肘はらずにごく自然に問いかけてみます。できれば、お互いに共通の話題や、簡単に子どもが応答できるような内容がよいと思います。天気のことでも、テレビのこと、マンガのこと、音楽のことなど、子どもが興味をもっていることや知っていることをきっかけとできるのであれば、なんでもよいと思います。

教　師　ねこの○○ちゃんは大きくなった？
子ども　はい、結構大きくなりました。
教　師　学校に来ている間ってどうしてるの？
子ども　お部屋で遊んでます。ご飯も自分で食べるんですよ。
教　師　えっ、どういうこと？
子ども　時間になると、ご飯が出てくる機械があるんですよ。
教　師　えっ。そんなすごい機械ってあるんだ～。
子ども　学校から帰ったら、今度は私がえさをあげるんですよ。
教　師　じゃあ、○○さんが帰ってくるの待ってくれているんだね。すごくかわいいんだろうね。ありがとう。

ある日の子どもとの会話です。こうしたなにげない隙間の時間の会話では、授業で話題として取り上げられることはないであろうテーマで気楽に会話を楽しんでいます。

こうした会話が、子どもたちを多面的に理解することにつながり、お互いの心の距離も少し縮めてくれる効果があるように感じています。その際に、心がけていることは、とてもシンプルで「質問から始めて、最後は笑顔で終わる」、それだけです。

③一言日記

前述のような会話は、音声言語を用いて即興的に行う交流ですが、文字言語を用いて子どもと関わり、それぞれのことを知る手立てとして、一言日記があります。

発達の段階に応じて、書く分量や回数は調整すべきだと思いますが、大切なのは短い文章で、1日の振り返りをしたり、今の自分が興味をもっていたりすることをテーマにして文章を書き、それに対して教師がリアクションをとるというやりとりを続けることです。専用のノートやファイルを準備してもよいと思います。

私は、特に分量を決めずに家庭学習の一つの選択肢として、「一言日記」「好きな〇〇」というテーマで取り組むことができるようにしています。こちらも教室では、知ることのできない子どもの興味や関心、日常の暮らしを教えてもらうよい機会となっています。ここでのやりとりが、前述のような、ねこをテーマとした会話につながるようなことも少なくありません。

2　子どもたち同士が知り合う

次は、子どもたち同士がお互いのことを自然に知り合い、つながっていくために継続的に行っている取組を紹介していきたいと思います。

①自分を語る時間

子ども　私は最近、マスクについて気になっています。マスクには、どんな種類があるかを調べてみました。大きく分けて、三つのタイプに分けられることが分かってきました。一つ目は……。二つ目は～。みなさんも、ぜひ友達がしているマスクに注目してみてください。

子ども　質問です。調べてみて、〇〇さんが一番お気に入りのマスクはどれですか。

このようなやりとりが毎朝、朝の会で日直のスピーチとしてクラスで展開されています。朝のスピーチ、帰りのスピーチ、日直のスピーチ等、多少、名前ややり方に違いがあったとしても、なんらかのテーマを設定して子どもがクラスの前で語る機会を設けているクラスは少なくないと思います。

4月に新しいクラスがスタートして、しばらくすると朝の会、帰りの会の項目を決める場面が来ます。私は子どもたちと共に、これまでどんな取組を経験してきたのかを尋ねながら、一緒に作っていくようにしています。このようなスピーチを行った経験がない場合には、子どもたちに対して「みんながチームとして安心してつながり合っていくための第一歩として、お互いのことをよく知る必要があること。このスピーチの時間は自分自身のことをみんなに知ってもらう一つのきっかけにしたいこと」というねらいを明確に伝えた上で、取組に入れてほしいことを伝えます。

学校で行っている学習には目標と内容があり、教師側がよほど計画的に準備をしない限り、子どもたちが思いのまま、自由にテーマを設定して学び進めることには難しさがあります。しかし、朝のスピーチは違います。**相当気軽に、かつ自由に子どもが自らテーマを設定して、友達の前で自分が今、気になることや好きなもの・ことなどについて語る**ことができる機会をつくり出すことができます。

スピーチの内容については、徹底的に子どもたちの主体性に任せるというところが肝です。誰かに決められた枠の中での興味・関心に基づく内容ではなく、子どもたちは自分の気になることについて調べたり、体験したりしたことについて語れるようにします。それを聞いたみんなは、質問をしていくという流れで行います。

やっぱり、子どもたちにとっては、質問されないのとされるのとでは、質問される方がうれしいらしく、質問してもらえるような内容を目指して自分のスピーチの話し方、内容も工夫するようになってきます。こうした一連のプロセスの中で、このスピーチの第一の目的である、個人のことを知り合うという効果を十分に果たすこととなるのです。

とはいえ、多くの子どもが緊張してしまうのは、急に順番が回ってきたり、経験したことがない活動をしたりするときが多く、拒否反応を示してしまう子どもも少なくありません。順番については、日直がスピーチする方法や出席番号順にスピーチしていく方法など様々なやり方があるので、子どもたちと相談して決めていきます。大切なことは、どちらの方法にしろ、**自分が話す日が事前に分かり、子どもたちは話すための準備をしておくことができるようにすること**です。

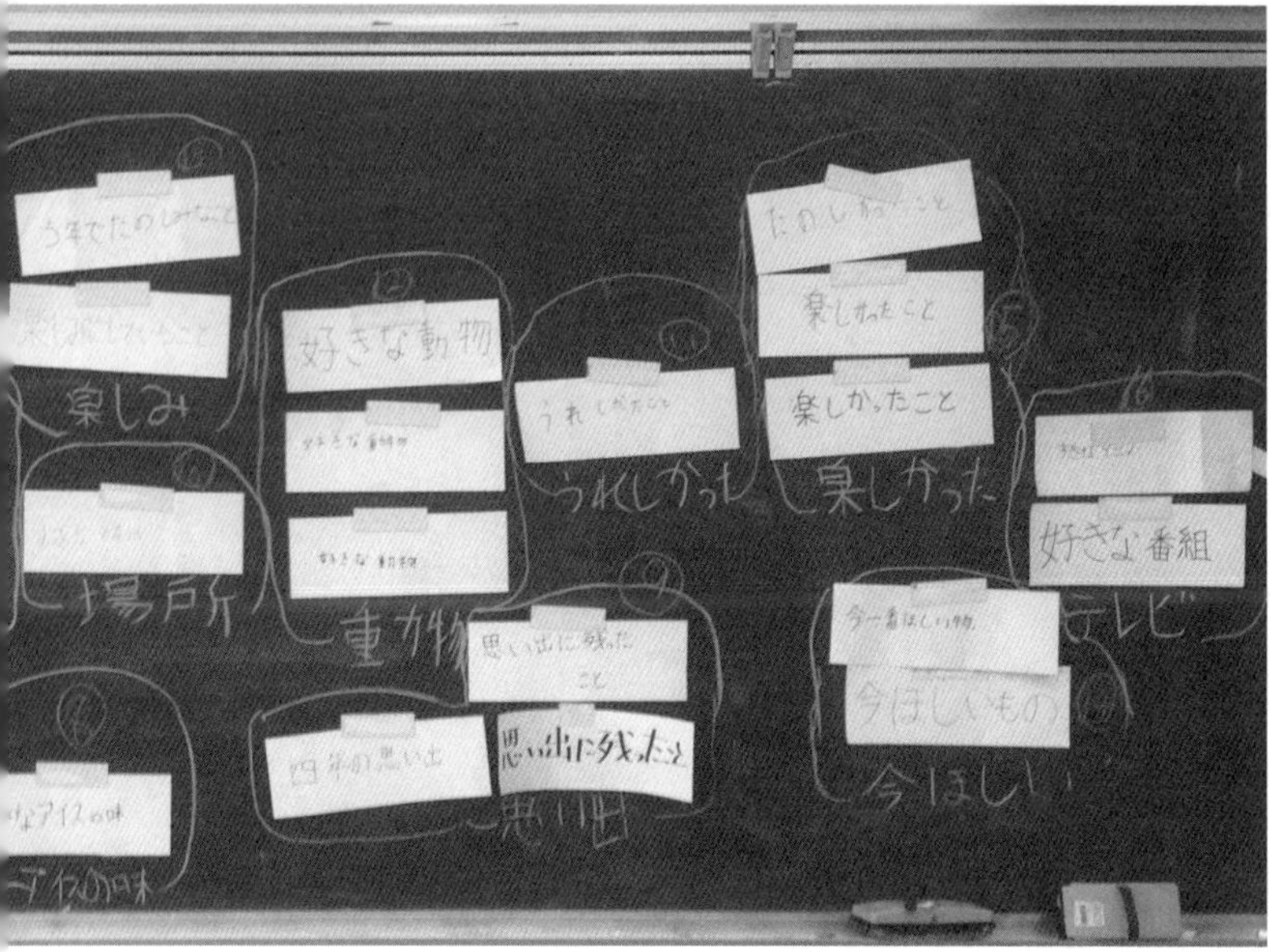

また、準備の中心とも言えるスピーチのテーマ決めについては、年度当初に「スピーチのお題を決めよう」という課題で、みんなが楽しめるという条件のもと、どんなテーマが考えられるか、アイディアを出し合います。思考ツールとして「カード分類法」を使い、出されたアイディアを分類します。「好きな遊び」「好きな動物」「今、ほしいもの」などバラエティに富んだ内容が出てくるのでその結果を整理して、一覧表を作り、子どもに手渡しています。学年にもよりますが、1回目のスピーチの内容については、この一覧からテーマを選び、朝学習等の時間で原稿を考える時間をとることもあ

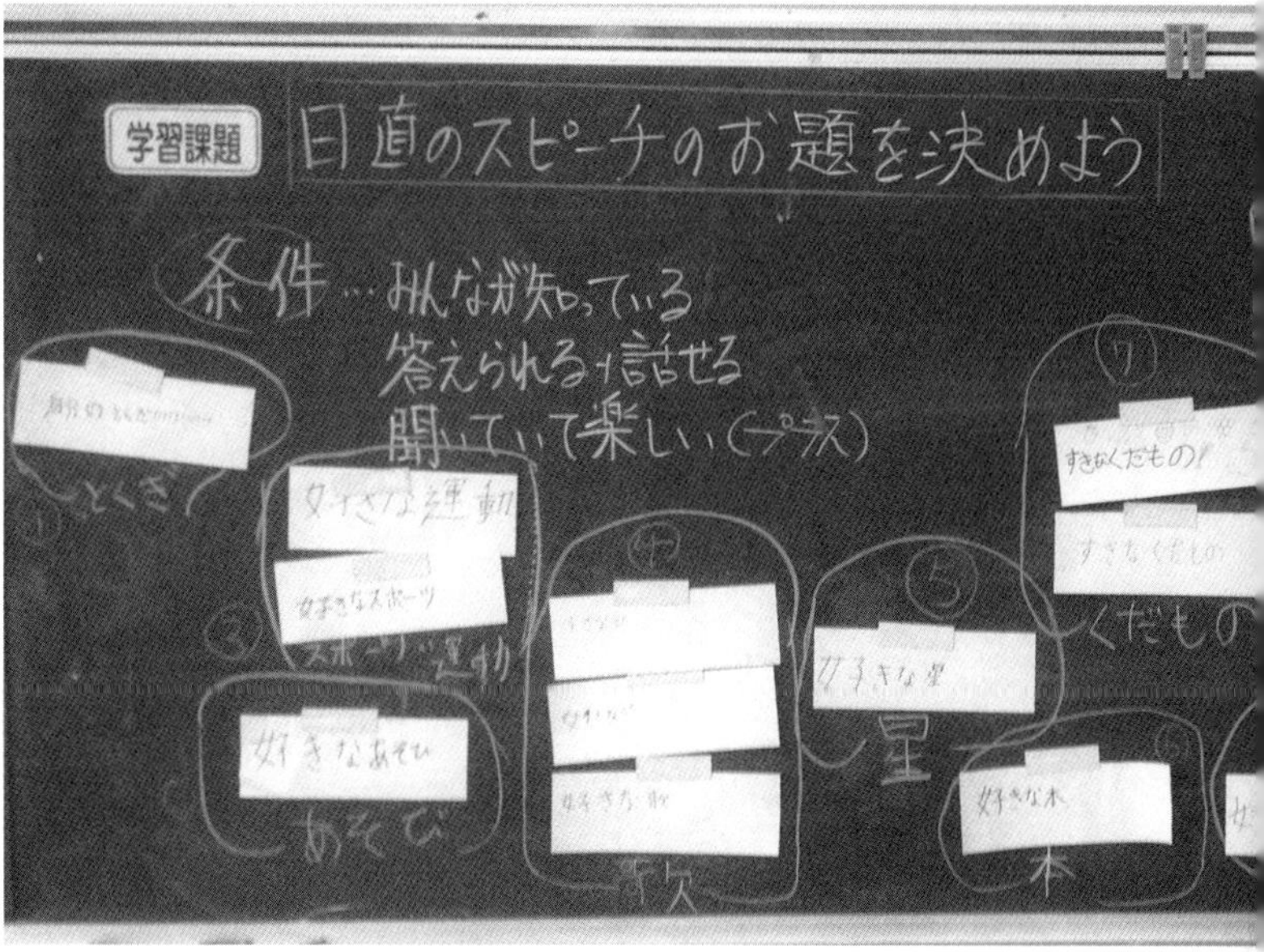

写真7　板書「日直のスピーチのお題を決めよう」カード分類法

ります。

　慣れてくると、子どもたちは自由にテーマを決め、実物を見せたり、実際にやってみたりしながらスピーチをすることができるようになってきます。もちろん、最初に決めたテーマ以外から自分で選んでもよいし、事前に準備した原稿と違うことを話すことも認めています。大切なのは、**個々が自分に合った方法で安心して自分の思いを語ることができる場となっているか**ということです。

　ある日のスピーチを紹介したいと思います。一人の子が、「コロナ禍でずっと会えていなかった祖父母とようやく会えてとてもうれしかった」と伝えてくれたことがありました。クラスからは、自然と温かい拍手が起こりました。いつもは物静かな子が、39ページから紹介している高齢者の方々とのつながりを再生する総合的な学習の時間で、発言や振り返りの場面で「今年の総合を成功させたい」という思いをいつも熱く伝えてくれていました。このスピーチを聞いて、**「あぁ、この子にとって今年の総合の課題は本当に身近で、切実感があったからこそ、本気で取り組んでいたんだな」**と、私は少しこの子の**背景がつかめた**ような気がしました。

②帰りの会で「感謝」を伝え合う

「今日の算数の時間に、分からないところを○○さんが教えてくれました。とても感謝しています。ありがとう」

「給食の配膳のとき、私がこぼしてしまったら、一緒に△△さんが片付けてくれました」

「掃除のとき、□□さんは机をたくさん運んでいました。とてもすごいと思いました」

「◇◇さんが、1年生に丁寧に本の返し方を教えていました。6年生として、さすがだなと思いました」

とある帰りの会の1コマです。帰りの会では毎日、1日を振り返って感謝していることを伝え合う時間があります。こちらについても、「ありがとう」「すごい」「キラキラ」など、ネーミングを変えて多くのクラスで行われている取組だと思います。

子どもたちもこれまでのクラスで経験したことがある子はいるとは思いますが、こうした取組を行うのか、行うとしたらどんな方法で行うのかについては、やはり子どもたちと一緒に決めていくべきだと思います。やらされている活動では、意味がないからです。

子どもたちが必要感を感じ、その行為の価値や意味を自覚して行っている活動でのみ、本当の喜び、感謝、感動などの感情が表出され、その表現が聞いている者の心に届きます。心の底から思っていない、形だけの発表は案外とすぐに見抜かれてしまうものです。

では、「子どもと一緒に決めていく」とはどうすることなのか。決して、子ども任せにして、子どもたちの話を聞いてまとめていくことではありません。もちろん、教師にもこうしたクラスにしたいという願いはあるはずなので、押し付けるのではなく、帰りの会の項目を話し合っているタイミングで、クラスの一員としての自分の願いを子どもに伝えます。

・お互いの素敵なところを認め合えるクラス
・感謝を素直に伝えられるクラス
・友達の素敵なところを見つけられる目をもったクラス

子どもたちに交じって、このようなクラスにしたいという願いを一意見として子どもたちに伝え、この考えについて、どう受け取ったのかを尋ねてみます。子どもたちが肯定的に受け入れてくれているようだったら、こういうクラスにしていくための方法として、帰りの会で例えば「感謝」を伝え合う場面を設けてみることを提案します。

何も難しいことをするわけではなく、このように目的と方法を子どもに提案した上で、子どもたちの意見を聞き、試しにやってみて、いいなと思えたら本格的に導入してみるという手続きをとっていくだけです。重要なのは、子どもたちがあれをやりたい、これをやりたいと話しているときに、参加者として自分の意見を伝え、みんなの意見と同様に扱ってもらい、その可能性を探ってもらうことです。もしかしたら、帰りの会で発表する方法ではなく、各々が個人で伝える方法やお手紙（カード）に書いて渡すというアイディアが出るかもしれません。様々なアイディアのメリットとデメリットを検討し、話し合うことによって、クラスの納得の上で、こうした取組を進めていくことが大切だと思います。

「感謝」というキーワードをもとに、クラスが肯定的な感情でお互いにつながり合っていくとともに、「給食のときに、こぼしてしまったおかずを率先して、片付けてくれていた△△くん」というような個別的で具体的なエピソードを、全体で蓄積していく効果も期待することができます。こうした、**一見些細かもしれない、しかし各々にとっては大切でかけがえのないエピソードの積み重ね**がクラスのストーリーであって、思い出となっていくのです。

教師にとっては、「みんなどうしてそんなことを覚えているの？」というエピソードを子どもたちは大切にしているし、一人ひとりにとっての宝物になっていることも多々あります。とりわけ、協働的に暮らしている中で生まれた感謝を伴った豊かなエピソードをたくさんもっている子どもたちこそ、お互いのことをよく知り合っている姿だと言うことができるのではないでしょうか。

ここで紹介した「朝のスピーチ」や「帰りの会で感謝を伝え合う時間」というのは、何の変哲もない、よく行われているクラスの取組に他なりません。大切なのは、**子どもたちと共に目的と方法を確認しながら、どんな取組をするのかを話し合うこと**です。「前の年もやっていたから」というような無自覚な行為として盲目的に行うのではなく、教師も子どももお互いのことを知り合うために行っているのだということを自覚して行っていくことを大切にしていきたいと思います。

「課題の明確化」と「願いの共有」をする

話し合いの「方法・ルール」がクラスとして共有されることによって、クラスで当たり前のように本音を表出できる土台がつくられ、「個性」をお互いに理解し合うことによって、勇気を振り絞って発言した本音が認められていく雰囲気が醸成されていくことを、実践をもとに述べてきました。この二つを満たすことによって活発に対話が行われ、その中で安心して本音が語られて、本音が引き金となって新たな概念を形成するような学びが起こりうる可能性をかなり引き上げることができます。

ただ、確かにこの二つは必要な要素ではあるのですが、子どもたちが本音を語るために、もう一つ欠かせないものがあります。それは、「**根本的に子どもの心を突き動かすようなきっかけ**」や「**自分たちはこうありたいという思い、問題状況に対してこうなってほしいという願い**」だと考えています。このことは、子どもたちだけではなく、私たち大人にもよく当てはまることだと思います。自分にとって関わりが薄い、関心の低い会議に出ている際に、みなさんは積極的に発言をしようとするでしょうか。また、「こうありたい・こうなってほしい」という切実な願いをもつことができない課題に対して、本音で語ろうとするでしょうか。むしろ、発言する必要性を感じることができず、早く終わってほしい、時間が過ぎてほしいとさえ思ってしまうこともあるかもしれません。

それほどまでに、「課題」や「願い」は重要だと捉えています。「**課題が明確になっていること**」や「**願いが言語化され共有されていること**」は、子どもたちの問題解決の意欲、すなわち学びに向かう意欲に大きく作用しています。

子どもたちにとって、課題を明確にするということは、誰でもない自分たちが本気を出すべき切実な課題かどうかを見極める行為にちがいありません。自分たちが力を尽くして解決すべき課題を明確にすることは、進むべき道のりやゴールを子どもたちがはっきりとイメージできるようになるということです。自分たちにとって切実な問題であること、そして全力を尽くしてどこに向かっていけばよいのかをつかんだ子どもたちは、本気でその問題を解決しようと動き始めることでしょう。

また、「解決が困難な課題に挑戦することこそが素敵であり、結果ではなく仲間と努力をしたり試行錯誤したりするプロセスにこそ意味がある」というように、集団としての自分たちがこうありたいという願いがはっきりとクラスの中で言語化されていることによって、子どもたちは他の仲間のチャレンジや失敗を成功のための大切な糧として、称賛したり、認めたりすることができるようになります。

「**失敗しても批判されず、励まし合い、新たなチャレンジとして称賛されるクラス**」。こうした「願い」の共有は、ときには細かいルールの存在を超えて、子どもたちの一人ひとりが本音で語ることへの一歩を支える大切な土台となることもあります。

課題を明確化する

39ページから紹介してきた地域のご高齢の方々の孤立の問題に対し、自分たちができることを考え、地域の交流の再生を目指す総合的な学習の時間は、どのように立ち上がったのでしょうか。担任である私が、

「今年の総合は、高齢者の孤立に関わることをテーマにして活動します。方法としては、交流会を行うことで解決できると思います。さぁ、力を合わせて頑張りましょう」

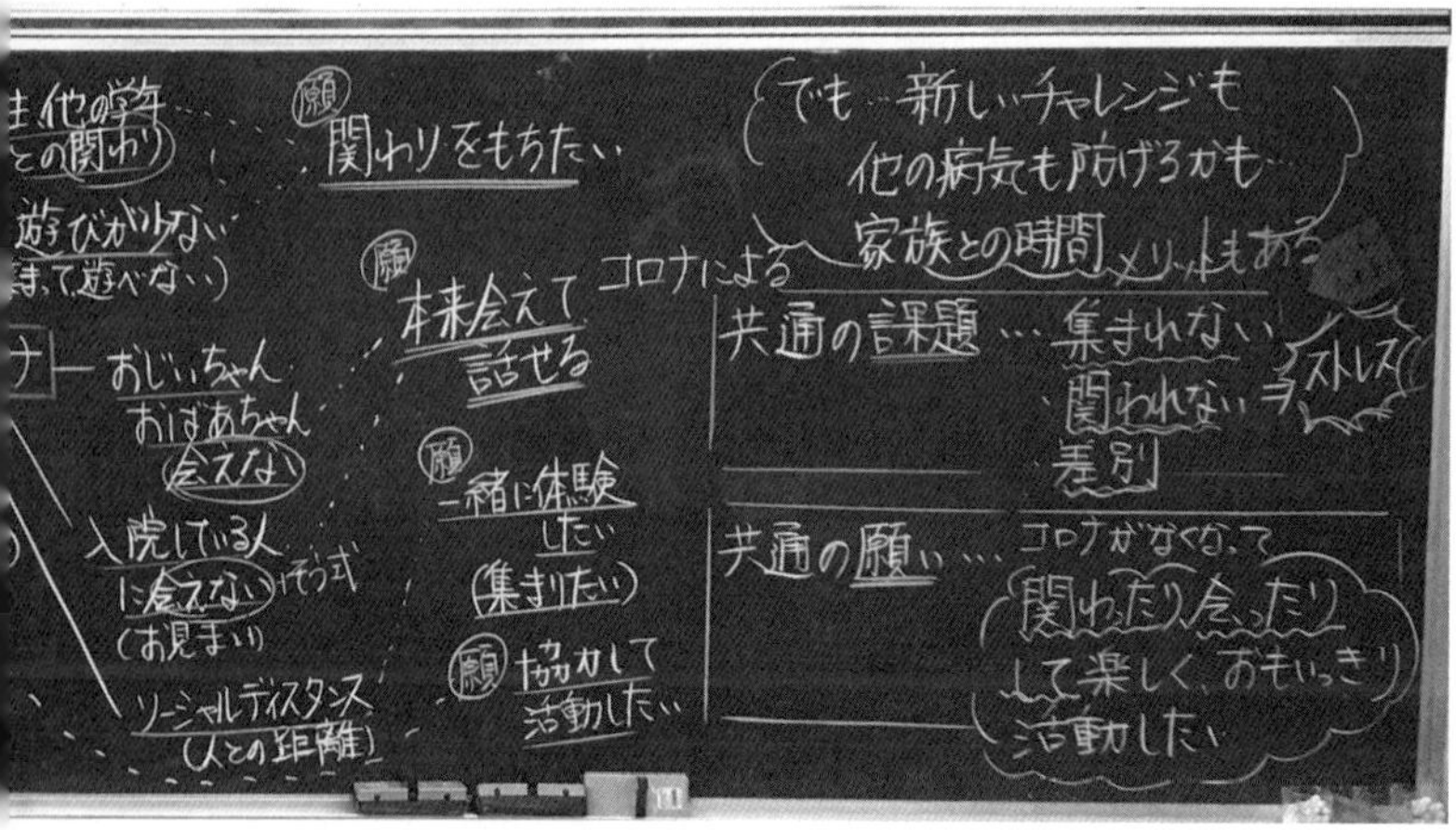

などと言って、単元をスタートしてはいません。これでは、子どもたちが「よしっ、やってやろうじゃないか」と思えるはずがありません。では、どうやって子どもたちが課題を自分たちのものとして明確にしていったのか、考えてみたいと思います。

1　自分たちが感じる課題を顕在化する

２０２０年度は、新型コロナウイルス感染症の影響によって全国一斉の臨時休校があり、子どもたちにとっても、私たち教師にとっても不安な状況で４月に新学期がスタートしました。新潟にある私の勤務校は、４月の下旬から5月末までの２度の休校期間を経て、６月から本格的に学校再開となりました。

学校生活のリズムを取り戻してきた夏頃、いよいよ総合的な学習の時間を本格的に始動しました。こ

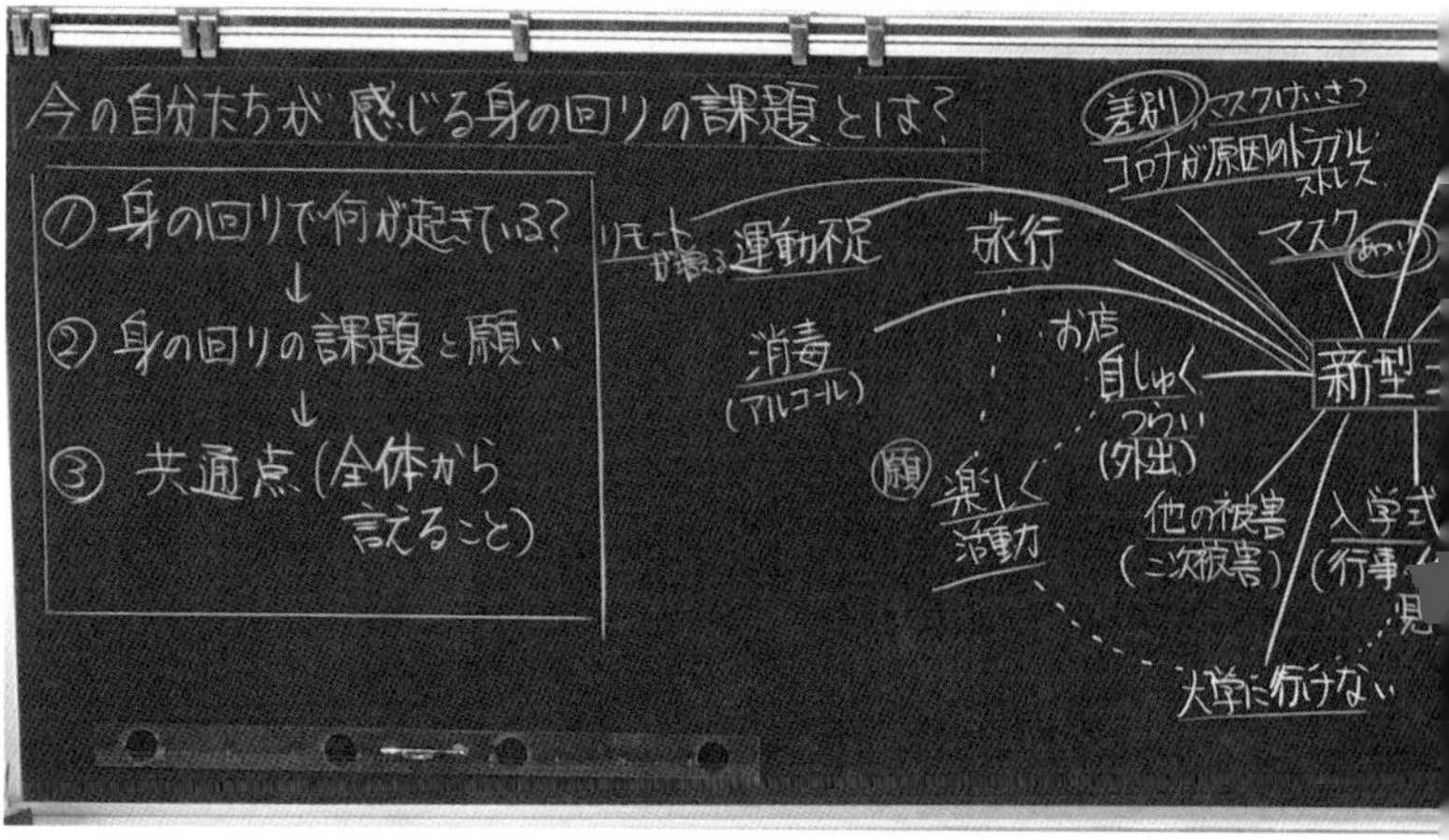

写真8　板書「今の自分たちが感じる身の回りの課題とは？」

の年は、これまで行ってきたように、自分たちが住むまちに出かけていき、まちの方々にインタビューしたり、まちをくまなく観察したりすることによって、課題を見つけてくるというような活動を行うことはできませんでした。そこで、まず子どもたちと共に、このような時期だからこそ、教室でじっくりと今の自分たちが感じている身の回りの課題について話し合ってみることにしました。

子ども　コロナの影響で集まって遊べないことがすごく困っています。

子ども　人との距離をとらなくてはいけなくなったこともすごくストレスに感じています。

子ども　ぼくは、せっかく6年生になったのに1年

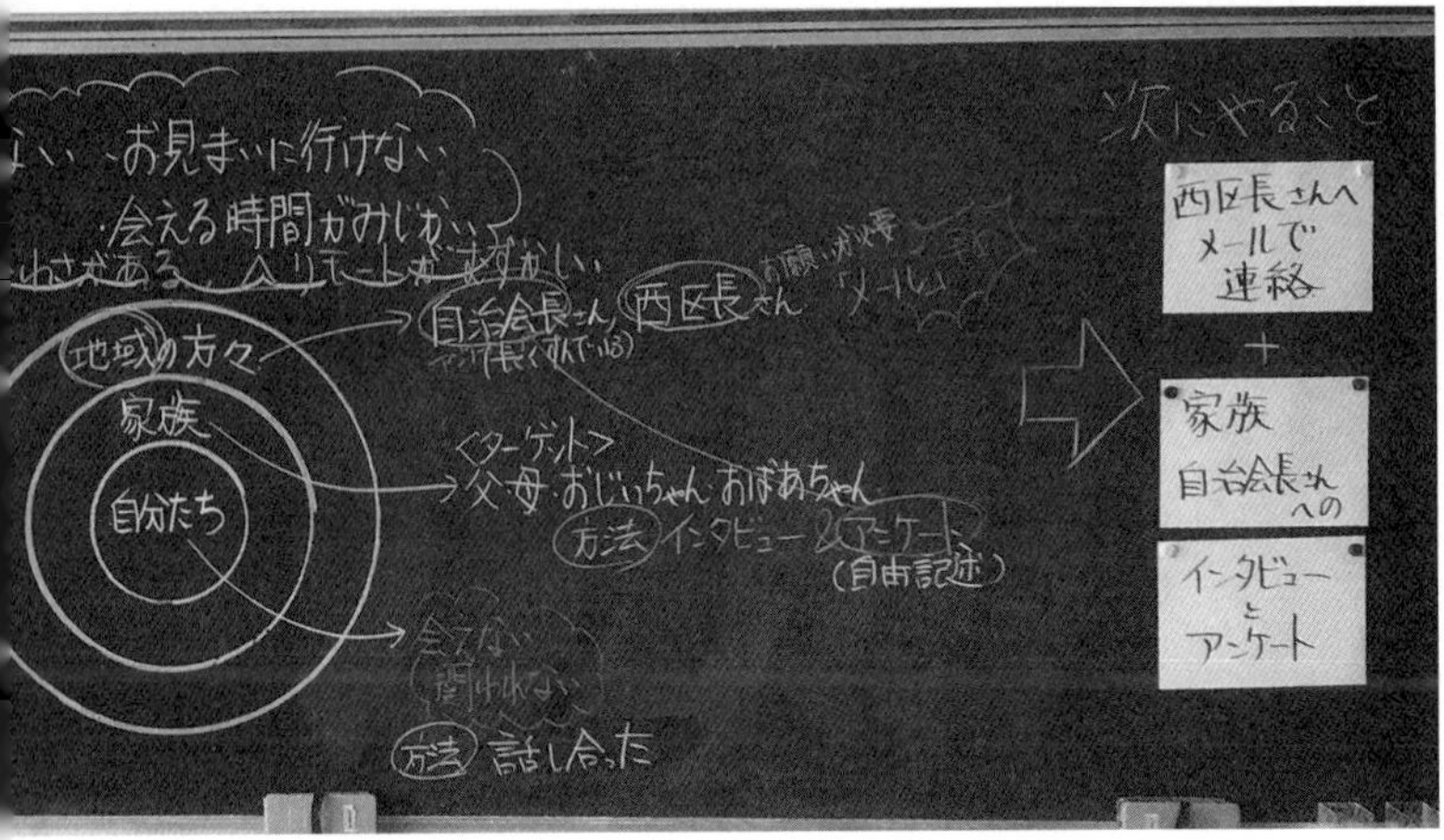

生や他の学年と関われないことが寂しいです。

子ども　私は、おじいちゃんやおばあちゃんに会えないことが寂しいです。

子ども　ぼくも入院している家族のお見舞いに行けないことがとても辛いです。

教　師　辛かったり、大変だったりすることをみんながもっていることがよく伝わってきたよ。本当はこうだったらいいのになとか、こうなってほしいという願いってありますか。

子ども　もちろん。できないこと、大変なことばっかりだから、楽しく活動したい。

子ども　私は、本当は友達や低学年の子と関わりをもちたいと思ってます。

子ども　私は、本来会って話すことができたはずの人たちと会って、お話ししたい。

郵 便 は が き

料金受取人払郵便

本郷局
承認

3601

差出有効期間
2022年２月
28日まで

１１３８７９０

東京都文京区本駒込5丁目
16番7号

東洋館出版社
営業部 読者カード係 行

ご芳名	
メール アドレス	@ ※弊社よりお得な新刊情報をお送りします。案内不要、既にメールアドレス登録済の方は右記にチェックして下さい。□
年 齢	①10代 ②20代 ③30代 ④40代 ⑤50代 ⑥60代 ⑦70代～
性 別	男 ・ 女
勤務先	①幼稚園・保育所 ②小学校 ③中学校 ④高校 ⑤大学 ⑥教育委員会 ⑦その他（ ）
役 職	①教諭 ②主任・主幹教諭 ③教頭・副校長 ④校長 ⑤指導主事 ⑥学生 ⑦大学職員 ⑧その他（ ）
お買い求め書店	

■ご記入いただいた個人情報は、当社の出版・企画の参考及び新刊等のご案内のために活用させていただくものです。第三者には一切開示いたしません。

Q ご購入いただいた書名をご記入ください

（書名）

Q 本書をご購入いただいた決め手は何ですか（1つ選択）

①勉強になる ②仕事に使える ③気楽に読める ④新聞・雑誌等の紹介
⑤価格が安い ⑥知人からの薦め ⑦内容が面白そう ⑧その他（ ）

Q 本書へのご感想をお聞かせください（数字に○をつけてください）

4：たいへん良い 3：良い 2：あまり良くない 1：悪い

本書全体の印象	4—3—2—1	内容の程度/レベル	4—3—2—1
本書の内容の質	4—3—2—1	仕事への実用度	4—3—2—1
内容のわかりやすさ	4—3—2—1	本書の使い勝手	4—3—2—1
文章の読みやすさ	4—3—2—1	本書の装丁	4—3—2—1

Q 本書へのご意見・ご感想を具体的にご記入ください。

Q 電子書籍の教育書を購入したことがありますか？

Q 業務でスマートフォンを使用しますか？

Q 弊社へのご意見ご要望をご記入ください。

ご協力ありがとうございました。頂きましたご意見・ご感想などをSNS、広告、宣伝等に使用させて頂く事がありますが、その場合は必ず匿名とし、お名前等個人情報を公開いたしません。ご了承下さい。

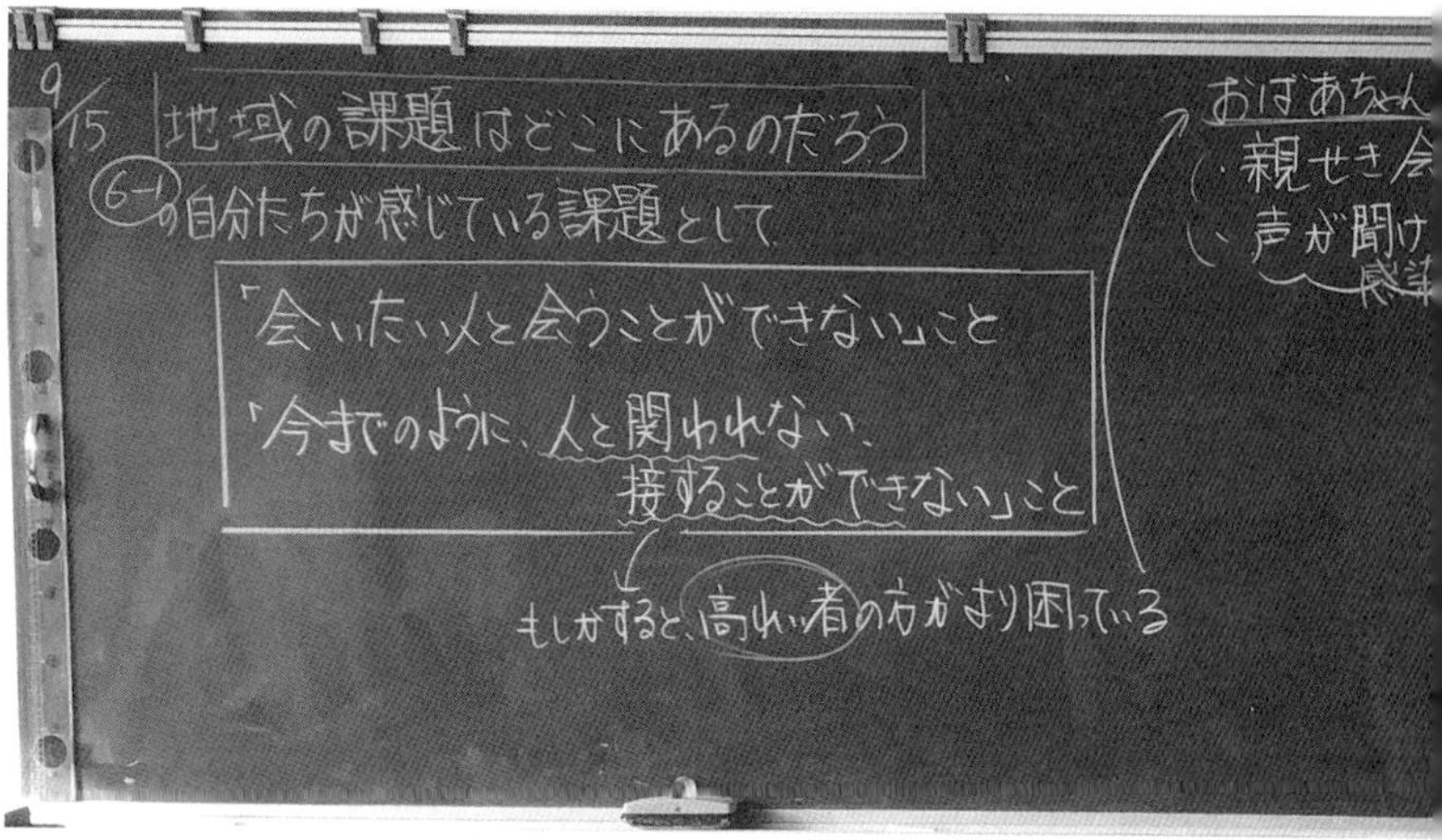

写真9　板書「地域の課題はどこにあるのだろう」

教師　ありがとう。みんな本当にありがとう。それぞれの感じている課題、そしてこんなふうになったらいいなという願いがよく伝わってきたよ。

このように、6年生の自分たちが感じている、新型コロナウイルス感染症に関わって生じる課題と自分たちの願いを一人ひとりの言葉で共有し、文字言語で記録していきました。

2　地域の課題を顕在化する

このクラスの子どもたちは、5年生までの学習経験を振り返り、総合的な学習の時間を地域の課題を解決する時間にしたいという思いをもっていました。

そこで、次の時間では地域の方々が感じている課題をはっきりさせるというゴールを決めて、話し合いが始まりました。

教　師　前の時間で、6年1組のみんなが感じている課題はよく見えてきたんだけれど、地域でも同じようなことって起きているのかな。

子ども　前にも、ちょっと言ったかもしれないんだけれど、ぼくはおじいちゃんのお見舞いに行ったときに会うことができなかった。

子ども　ちょっと付け足しいいですか。それって、お見舞いに行く人も悲しいかもしれないけれど、実は入院している人が一番困っているんじゃないかなと思っています。

子ども　あーっ、確かにそうかもしれない。

子ども　ぼくもおばあちゃんに会えていないんだよな。やっぱり、感染の怖さがあるからね。そもそも病院自体に入ることができなかったよ。

子ども　もしかすると、私たちよりも高齢者の方がより困っているのかもしれないよ。

教　師　えっ、どうして？　もう少し、詳しく教えて。

子ども　はい。高齢の方々は感染することで重症化する可能性が高いと言われているし、

写真10　アンケートを読み解き、分析する

リモートで誰かとつながったりすることが難しいのかもしれないからです。

子ども　それって、聞いてみないと分からないよね。

子ども　確かに。でも、どうやって聞いてみるといいのかな？

この後の話し合いで、子どもたちは地域の方たちの思いを知るためにアンケート調査を実施しようと考えました。また、地域のことを知るために自治会長さんや区長さんのお話も聞きたいと考え、連絡を取ったところ、自治会長さんにはアンケートを直接お渡しして答えてもらい、区長さんは学校に来ていただ

けることとなりました。
地域の方々からいただいたアンケートの記述を分析してみると、

「高齢者の方々が人と会えないストレスを抱えている」
「地域の多くの行事が中止になっている」
「人と交流することができない」
「近くの人とも会うことができない」

という、地域の方々が感じている課題が少しずつ見えてきました。

3　予想と事実を比較する

また、子どもの中にはアンケートを世代別に集計して、現在も問題を解決できていない人がどれほどいるのかを分析する子も出てきました。
その子の発言をきっかけとして、世代別にアンケートを分析してみると、「自分たちが予想していたように、地域の方々は、会いたい人に会えない、関われないということに課

アンケートの分析結果

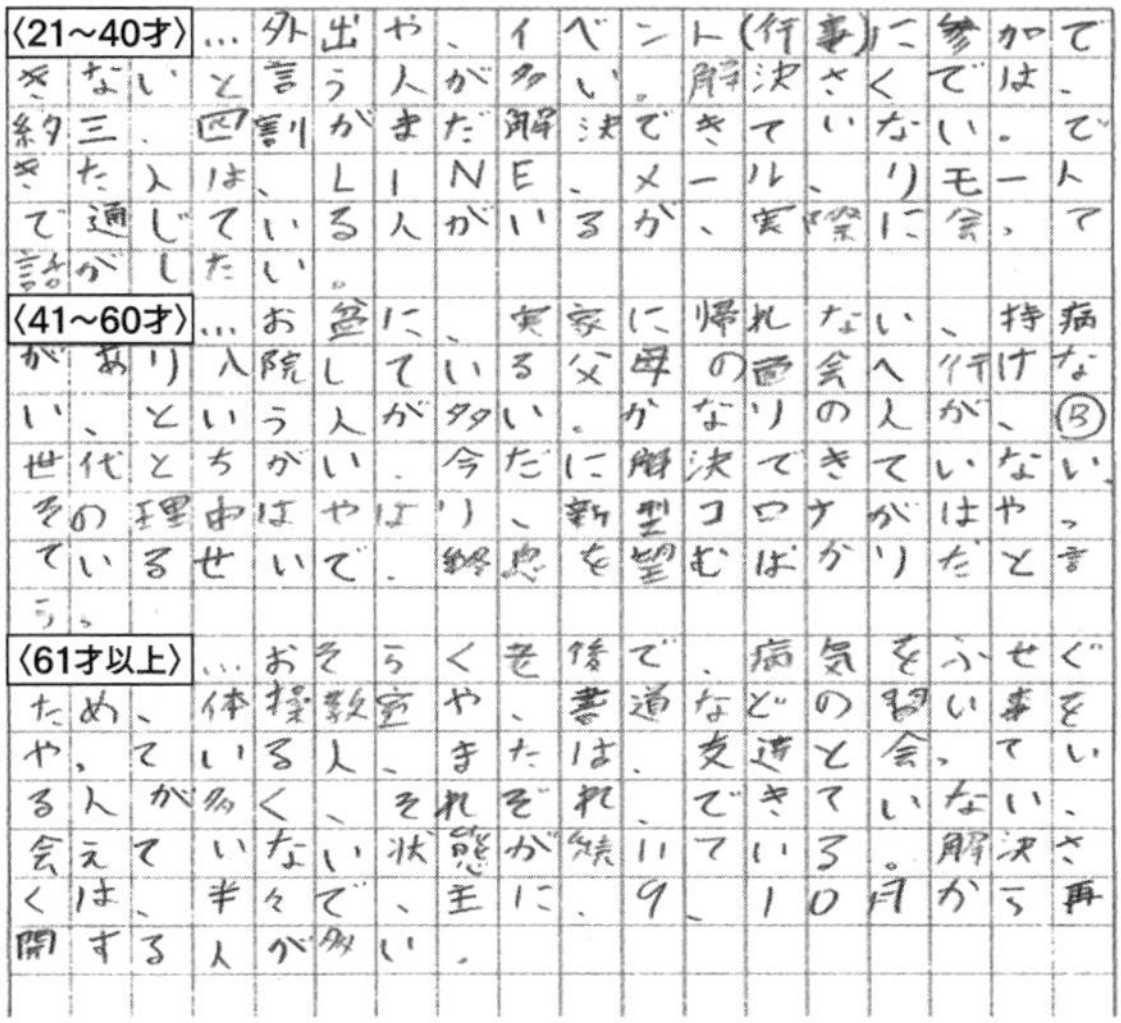
〈21〜40才〉…外出や、イベント(行事)に参加できないと言う人が多い。解決さくでは、約三、四割がまだ解決できていない。できた人は、LINE、メール、リモートで通じている人がいるが、実際に会って話がしたい。
〈41〜60才〉…お盆に、実家に帰れない、持病があり入院している父母の面会へ行けない、という人が多い。かなりの人が、Ⓑ世代とちがい、今だに解決できていない。その理由はやはり、新型コロナがはやっているせいで、終息を望むばかりだと言う。
〈61才以上〉…おそらく老後で、病気をふせぐため、体操教室や、書道などの習い事をやっている人、または、友達と会っている人が多く、それぞれ、できていない。会えていない状態が続いている。解決さくは、半々で、主に、9、10月から再開する人が多い。

↓

全体を通して見えてきた課題として、年代別に分析してみると……

〈21 〜 40 才〉

メールなどの方法で乗り越えてはいる。しかし、約 30％の方が問題を解決できていない。

〈41 〜 60 才〉

会いたい人に会えていない人が多くて、約 72％の方が問題を解決できていない。

〈61 才以上〉

友達と会うことができていない、ほとんど解決できていない。約 80％の方が問題を解決できていない。

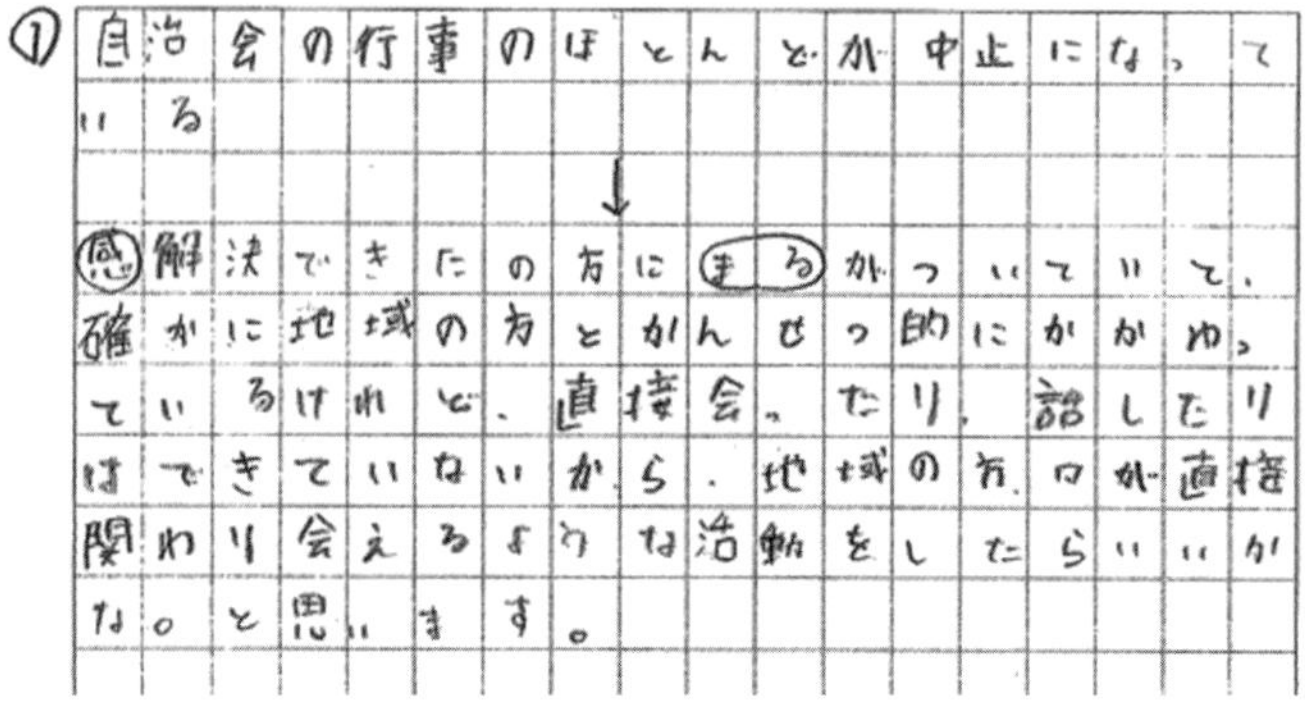
①自治会の行事のほとんどが中止になっている
↓
感 解決できたの方にまるがついていて、確かに地域の方とかんせつ的にかかわっているけれど、直接会ったり、話したりはできていないから。地域の方々が直接関わり会えるような活動をしたらいいかな。と思います。

写真11　アンケートを分析し、課題を探る

題を感じていて、特に高齢者の方々が今も解決できていない悩みごとを多く抱えている」ということが浮き彫りになってきました。

このように、まちの方々が抱える課題がはっきりしてくると、

「私たちで、困っている人の力になれないかな」
「私たちが、交流できる会を企画すればいいんじゃないかな」
「ぼくらが、交流をする活動をして未来を明るくできたらいいな」

と、口にする子どもたちが現れ始めました。

アンケートの記述を分析し、そこから地域の方々の思いに寄り添い、本当に困っている課題を探っていくこと

写真12　区長からお話を聞き、情報収集する

は、自分たちが予想していた地域の課題と実際にまちの方々が抱えている課題を比べ、確かめていく活動とも言えます。

自分たちの予想と地域の実情がピッタリと一致することによって、そうかもしれないなとおぼろげに想像していたことが、「やっぱり本当なんだ」「自分たちだけじゃなく地域の方も同じように困っているんだ」「なんとかじなきゃ！　自分たちにも力になれることってないのだろうか」という強い思いが醸成されていきました。

4　願いの共有

次に、子どもたちは、区役所に「自分たちが住む西区の課題を教えていただけないでしょうか」という内容の依頼を行い、実際に区長に学校に来ていただけることとなりました。区長から、具体的なデータや写真、地域の

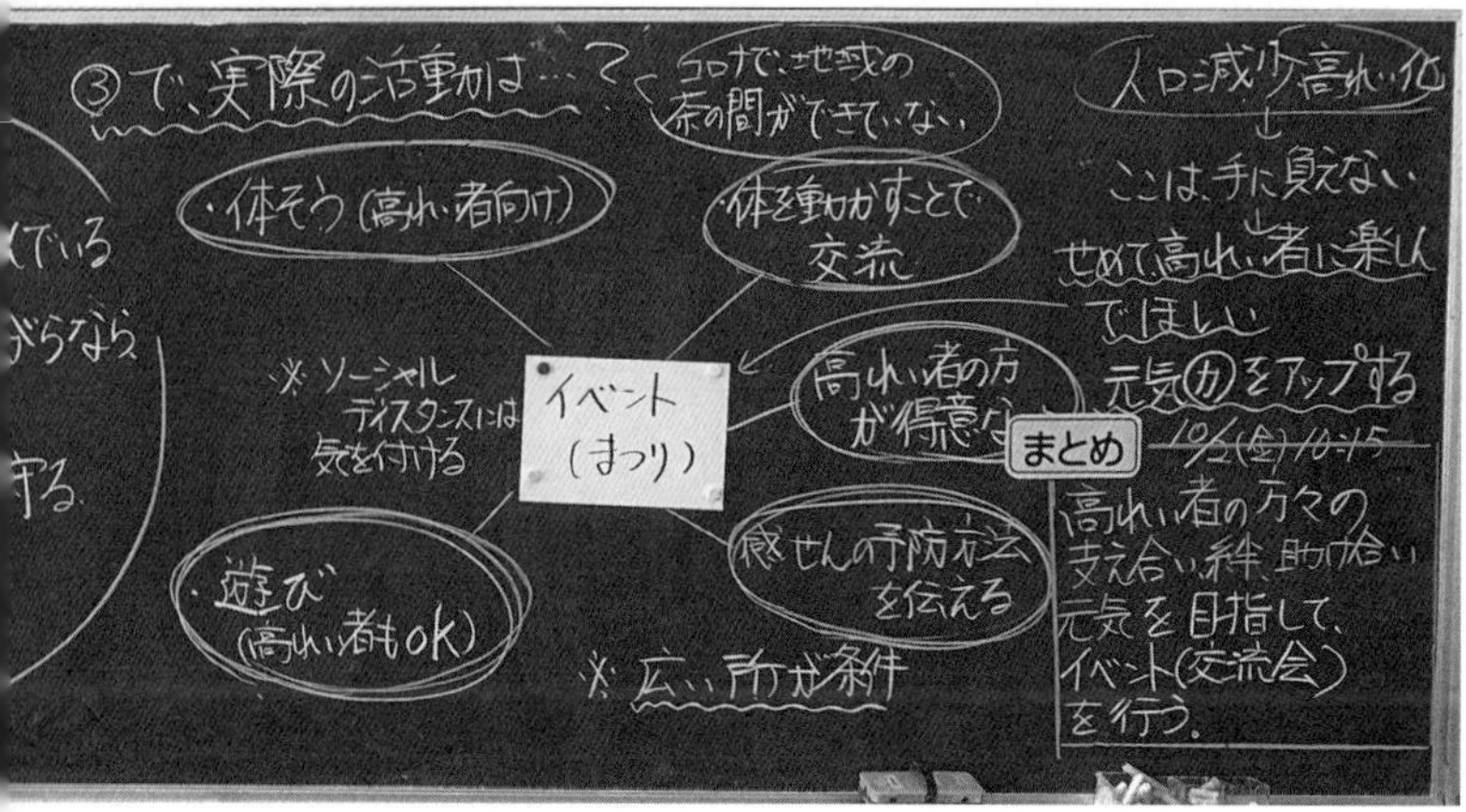

方々の声を示しながらお話をしていただくことで、「高齢者の方々が人と会うことができない状況が続いていること」「人口減少・高齢化による影響が農業や経済に及んでいること」「支え合う取組やイベントが減っていること」「助け合い、支え合いが難しくなっていること」を実感しました。

またその会の中で、クラスの代表がこれまで自分たちが行ってきたアンケート調査や自分たちが地域の交流会を開くことができないかと考え始めていることを区長にお話しすると、区長はとても喜んでくださり、「交流するイベントを応援してくださること」や「感染予防をしっかりと行えば、実施することができる可能性は十分にあること」という、とても肯定的なリアクションをいただきました。

区長のお話からも、行政レベルでも新型コロナウ

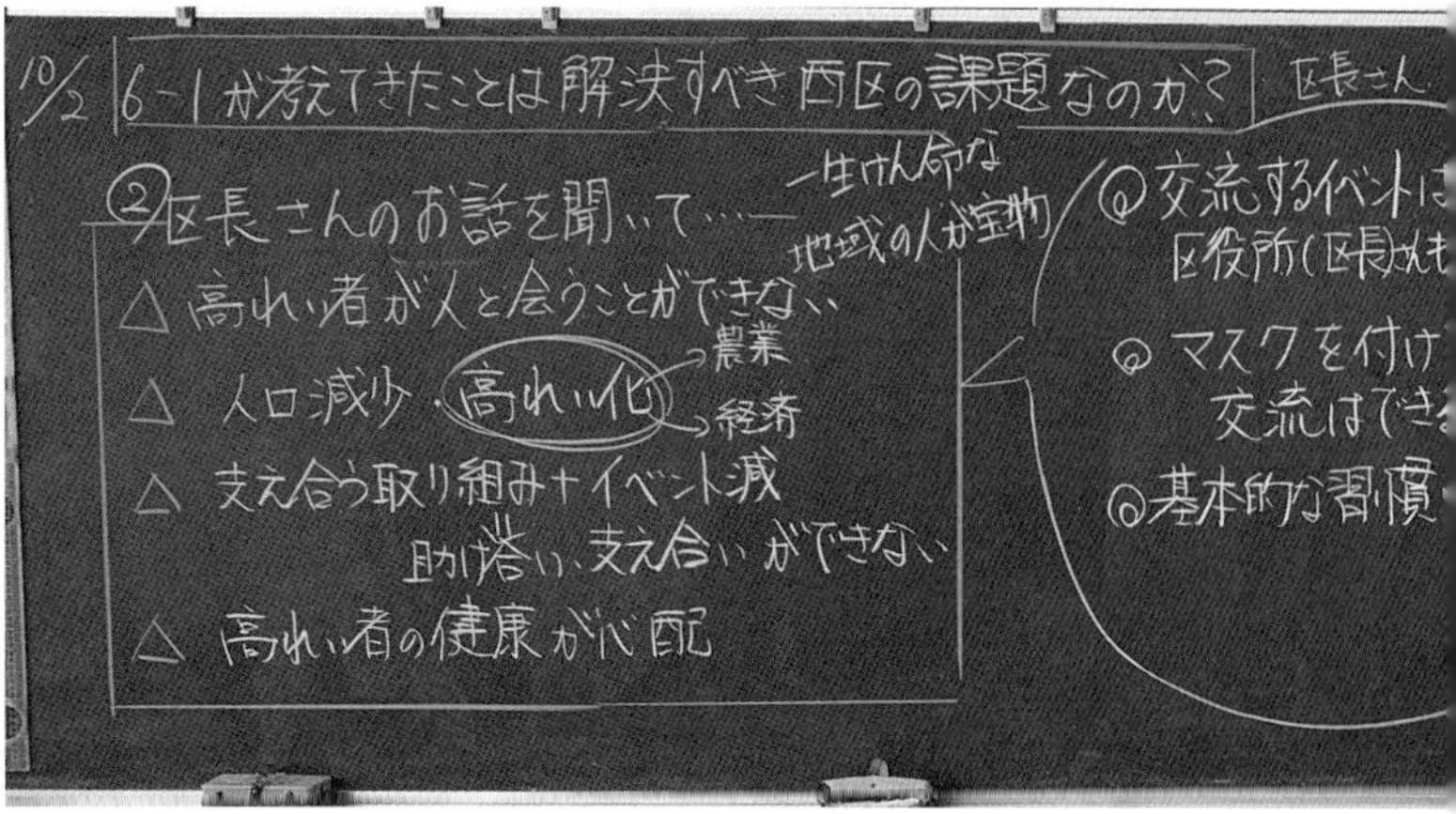

写真13　板書「6-1が考えてきたことは、解決すべき西区の課題なのか？」

イルス感染症の影響による問題が山積していることが見えてきました。併せて、これから自分たちが成し遂げようとしていることには、十分な価値があると確信をもつことができました。

区長からお話を伺った後に、実際にはどんな活動ができそうかと話し合いをしてみると、

子ども　コロナの影響で地域の高齢者向けの交流会が実施できていないから、イベント（まつり）を行ってみたいな。

子ども　その中で、高齢者向けの体操をしたらいいんじゃないかな。

子ども　高齢者の方が得意なことをするといいよ。

子ども　遊びもいいんじゃないかな。

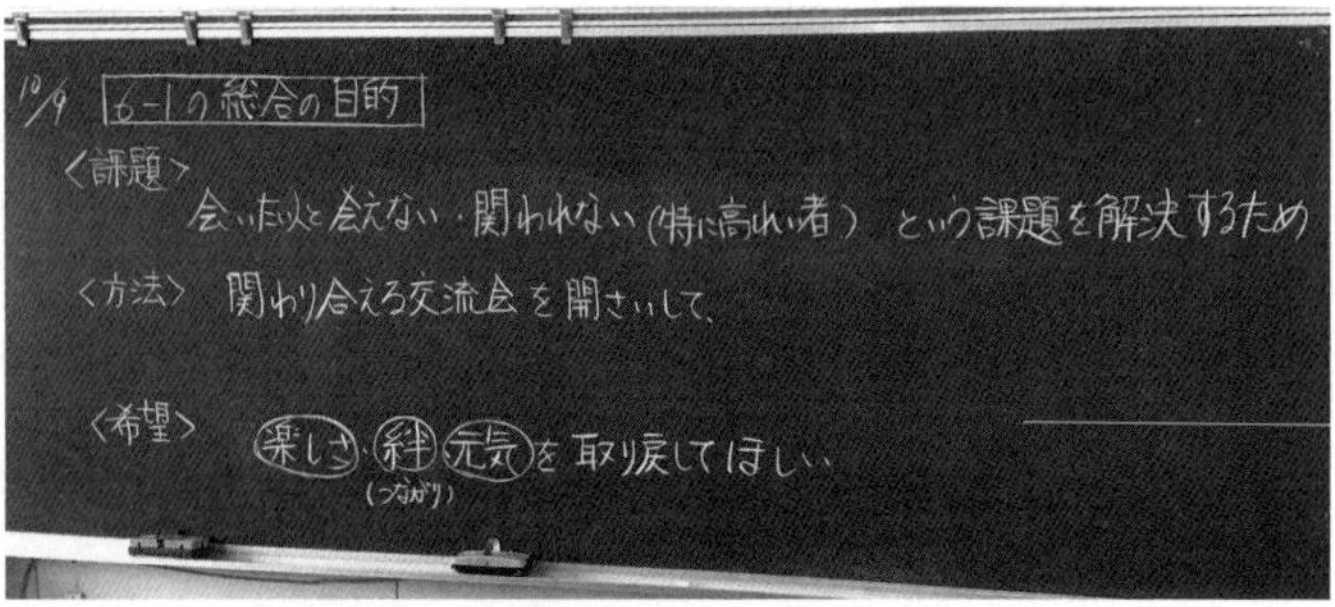

写真 14　総合の目的を整理

子ども　体を動かすことで交流できたらいいな。

子ども　そのイベントの中で、感染予防の方法を伝えるのもいいかもしれない。

このように、交流会に向けて夢が広がっていきます。さらに、話し合いを進めていくと、

子ども　でも、区長さんのお話を聞いて、正直、人口減少や高齢化は私たちの手に負えるものではないとは思ったんだ。

子ども　でも、せめて高齢者の方々に楽しんでもらえる機会をつくりたい。

子ども　そうすることで高齢者の方々の元気力をアップしたい。

教　師　よし、みんながやりたいことが見えてきたね。今年の総合でやりたいことを、まとめて表現できる人、いるかな？

子ども　うーん、できそうかも。

教　師　じゃあ、お願いしてもいい。

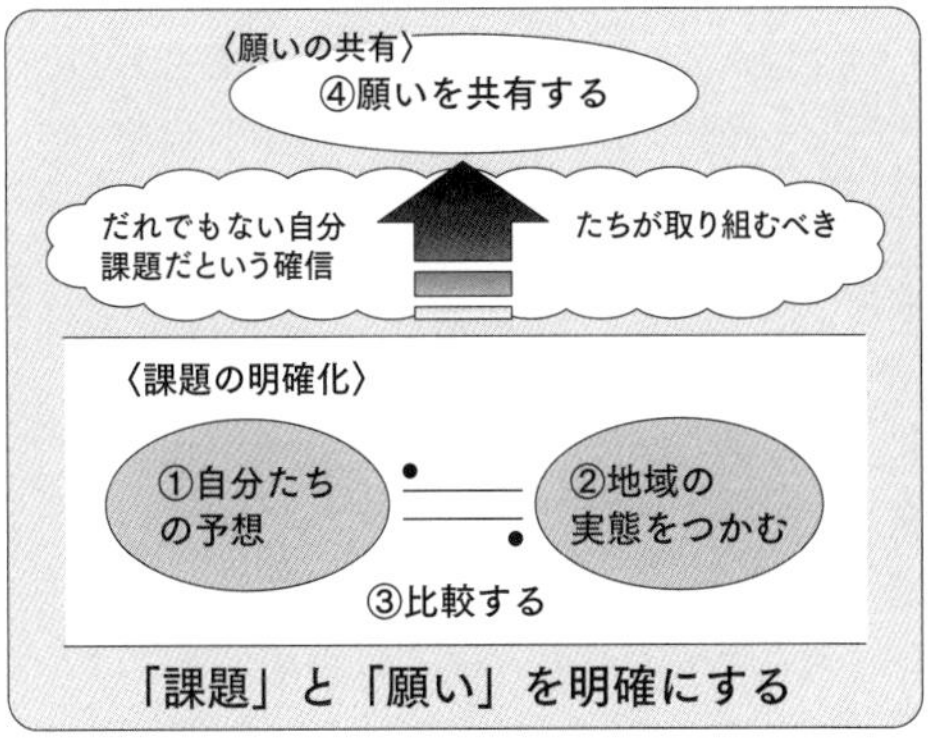

図2 「課題」と「願い」を明確にする

子ども 高齢者の方々の支え合い、絆、助け合い、元気を目指して、イベント（交流会）を行うっていうことでどうですか。

子ども いいね。いいね。

子ども 交流会、楽しそう。やりがいもありそう。

少しずつですが、着実に自分たちの願いを共有していきました。

①自分たちが感じている課題を言語化する
②データや詳しい方の話から地域の課題を顕在化する
③予想と事実を比較する
④願いを共有する

このように、まずは、自分たちが感じている課題、そして地域の課題を、実際にその渦中にいる方々の生の声を聞く、見ることで顕在化することができました。さらに、自分たちの当初の予想と事実を比較することで、自分たちにできることはどのようなことで、本当に自分たちが解決すべき課題とは何なのかを確認していきました。加えて、問題状況に対する個々の願い（希望）を言語化し、共有することによって、ようやく「課題」と「願い」がはっきりとしてきます。

こうしたプロセスを丁寧にたどり、「課題」がはっきりと言語化されていることで、常に自分たちの活動の根幹に立ち戻り、どんな目的を果たすために何をしているのかを常々意識しながら活動を進めることができるようになります。また、根本的に子どもの心を突き動かすエネルギーとなる「願い」をはっきりと実感し、クラスの仲間と共有することができると考えています。

本音を引き出す課題とは

ここまで述べてきたように、本音を語り合うためのクラスでの準備として、自分たちの考えや予想と実社会の実態を比較することによって、認識のズレを顕在化させたり、はたまた予想が現実と一致したりすることによって、「課題を明確化する」ことが可能となります。課題が明確に浮き彫りになることによって、

「たくさんの魅力的な人がいる素敵な商店街だから、本来は人がたくさん来てにぎわっているはずなのに、実際に調査してみると年々利用者が減っている。**だからこそ、自分たちの力でなんとか役に立つことをしてみたい**」

「実際に調査をしてみると、自分たちが予想していたことと同様に、現在の新型コロナウイルス感染症の影響によって地域の高齢者の方々は孤独を感じている方が多いことが分かった。**自分たちでなんとかその力になりたい**」

というように、問題状況に対する個々の本気の願いが引き起こされていくのです。

このように本気で問題を解決しようとしている状況においては、子どもたちは誰の力も借りず、一生懸命に自分の思いを他者に伝えようとします。自分の意見が、たとえ少数派だったとしても、その物事を本気でよりよくしたいという思いがあれば、自ずと対話で本

音が出てくるはずなのです。

私自身が経験的に理解している「本音を引き出す課題」の条件は次の四つです。

①子どもたち自身の力で解決可能であって、手が届く課題であること
②誰でもない、自分たちこそ取り組む必要がある課題であること
③最初から答えはなく、自分たちで最適解を見つけることができる課題であること
④世の中（他者）から解決を期待されている課題であること

これは、私の経験則ですが、これらの条件をより多く満たすことができる課題ほど、子どもたちの心に火を付け、本音で語り合う対話を生み出すことができるようです。

偶発的な課題における「共通の願い」

これまで総合的な学習の時間の実践を紹介してきましたが、クラスでは偶発的に様々な課題が生まれてきます。クラスとは、構成するメンバーが合意形成を図りながら、決断を

繰り返していく集団だと言えます。例えば、「みんなで休み時間に楽しく遊ぶためにはどんなルールが必要なのか」とか「クラスで時間を守って、けじめをつけた生活を送るにはどうしたらよいか」というように、子どもたちにとって切実な思いをもって話し合う場面が多々あるわけです。このような様々な話し合いの場面で、教師と子どもたちの「共通の願い」として、拠りどころとなるもの。それが「学級目標」だと考えています。

本音を出し合うことができるクラスには、「**失敗しても批判されず、励まし合い、新たなチャレンジとして称賛される**」雰囲気があります。本音が出し合えるクラスでは、新たなチャレンジにこそ意味があり、チャレンジは称賛されることはあっても、批判されることなどありません。そうしたクラスでは、「友達と努力をしたり、試行錯誤したりするプロセスに意味があるんだ」という価値観が共有されています。併せてクラス内には、子どもたちが大切にしている価値観や志が具体的な言葉で簡潔に表現されています。

私は、この子どもたちの共通の価値観・志を簡潔に表現した言葉を学級目標と呼んでいます。つまり学級目標とは、どんな集団になりたいのかという目指すべき方向を指し示すものであり、子どもたちの行動指針とも言い表すことができます。

共通の価値観・志が学級目標という形で、キーワードとして明確に示されることによって、自分たちのクラスの行動の指標を個々が共有することが可能になります。

自分たちの行動や判断を決定していく上での指標をはっきりもつことで、子どもたちは自分たちで考え、自分たちで行動することができるようになります。学習活動および日々の生活は、集団による判断の繰り返しによって成り立っていますが、その際に迷うことなく自分たちの目標の達成のために意味のある行動を選び取っていくことを可能とします。


「大丈夫だよ、考えを言ってみようよ」

「無理に今、言わなくてもいいからね。また言いたくなったら教えて」

「間違っても大丈夫、みんなで考えればいいから」

「○○さんが、勇気を出して考えを伝えてくれたおかげで、一度立ち止まって考えることができたよ。ありがとう」


例えば、「挑戦にこそ意味がある」という価値観を共有しているクラスでは、こうした友達を勇気づける発言が話し合いの場面において、日常的に見られます。こうした仲間からの勇気づけは、自分の考えを言うか言わないかと迷った際に、「思いを素直に語ることや本音を伝えて議論をすることに価値があるんだ」と自信をもって判断できるきっかけとなることでしょう。

このような学級目標は、**4月にみんなが集まってパッと決まるものではない**と個人的に考えています。まずは、じっくりお互いのことを知り合う期間を経て、個性ある一人ひとりが豊かに関わりながらクラスで過ごしていく中で、そのクラス独自の雰囲気が出てきます。すると、自分たちのクラスは何が得意で、何が不得意で、どんなことを大切にしようとしている仲間が集まっているのかがなんとなく分かってきます。

私は、こうした「ふわっとした感覚」をみんなが言語化できそうだというタイミングで、学級目標を決めるようにしています。具体的には、**クラスが始まって2~3か月過ぎて行うことが多い**ですが、やはりここで大切にしたいのは、誰にでも作れるきれいな言葉を並べることに価値があるのではなく、**縁あって集まったこのメンバーが本当に大切にしたいことを言語化する**ということです。そうして作ったものは、本物の目標として子どもたちの行動の指針となって大切にされていきます。

どのように子どもたちと共に、価値観を学級目標として言語化していくのか、その具体的なプロセスと活用の方法については、次ページからの資料で紹介したいと思います。

て表現できるキーワードの候補を出し合います。または、別の方法として、グループ化した「な」かま、「ま」なび合う等の「な」や「ま」という頭文字を使って、あいうえお作文のようにキーワードを作ります。どちらの方法でも、そのとき、板書上でいくつかにまとめられたグループ名によって、可能な方を子どもたちと選択できるとよいと思います。

(5) 複数の候補の中から、条件に合うものを選択する。

複数の候補の中から、子どもたちと設定した「全員の思いが入っている」「シンプルで覚えておける」等の条件をもとに、ピラミッドチャートを使って、条件を満たすものを選んでいきます。このときに子どもたちと確認しておきたいことは、候補に挙げてよいものは、全員の思いが入っているものである、ということです。そうではないものについては、ピラミッドチャートの一番下段の候補には、入れないようにします。

この年の場合は、ピラミッドチャートの最上段に上がる候補がいくつかあったために、最後に小グループでそれらを比較し、全体で結果を共有した後、1つに絞ることができました。

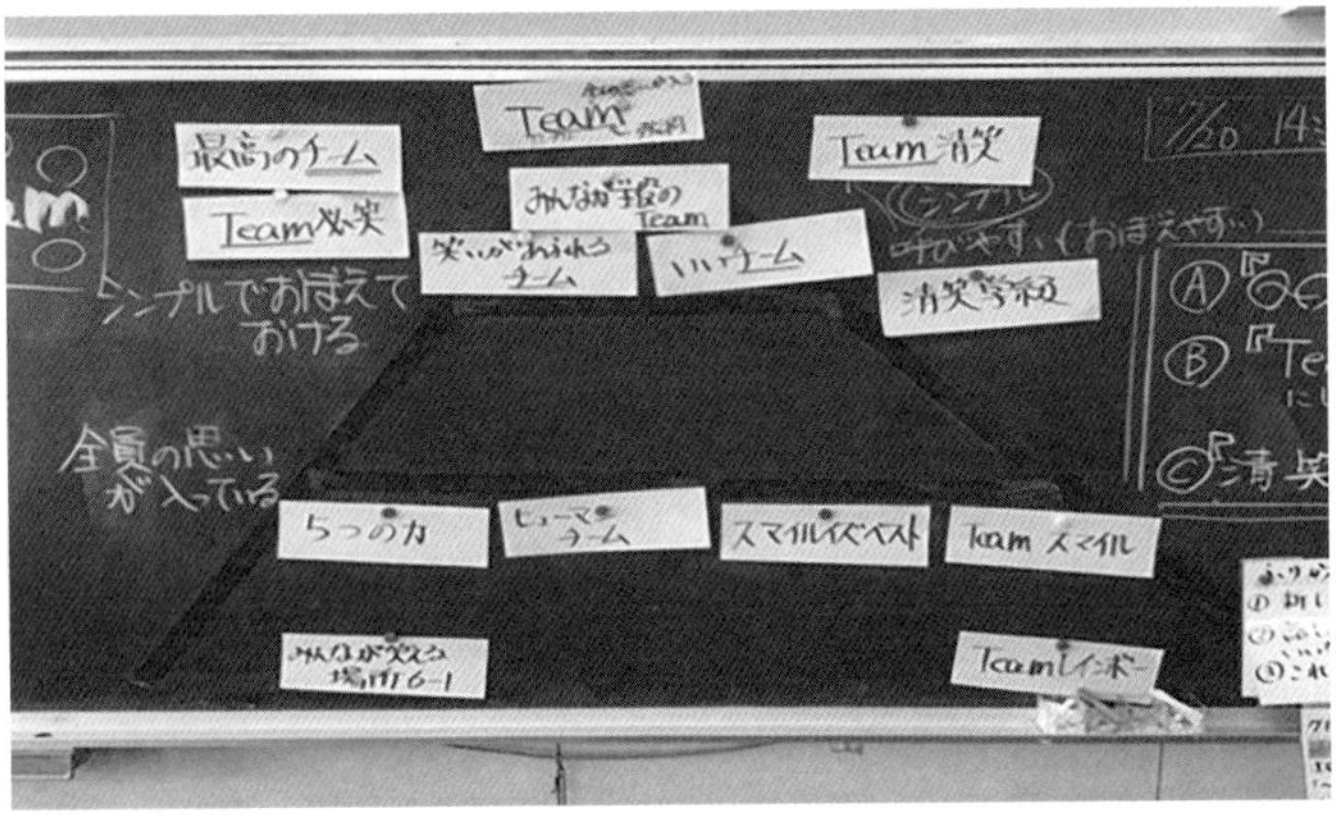

【学級目標づくりの手順】

(1) 個人の思いを書く。

まずは、今年どんなことを大切にして生活していきたいのか、どんなクラスにしたいと考えているのかを文章で書き表します。

(2) 特に大事にしたい部分を端的に短冊に書く。

次に、特に大事にしたい部分を端的に短冊に書き表します。共有する際には、言葉で付け足すことができるため、理由などは口頭で詳しく説明すればよいことを伝えます。

(3) 黒板に貼り出し、グルーピングしていく。

一人ひとりが自分の思いを伝え、短冊を黒板に貼っていきます。貼り出された短冊を同じ意味のものでグルーピングし、名前を付けていきます。このときに、グループ化できないものは、無理にする必要はありません。独立した１つとして、認めていくことで、誰一人の意見もないがしろにすることなく、学級目標を決めていくという理念を大切にします。

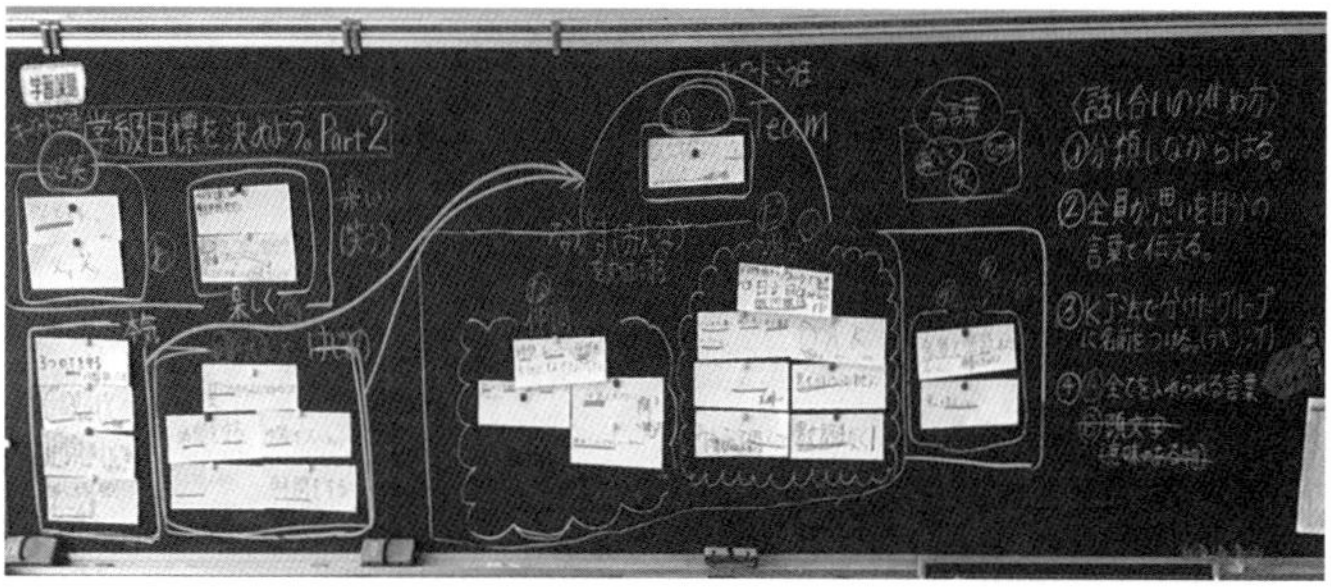

(4) すべての言葉をまとめて表現できるキーワードを考える。

グループ化したすべての言葉を見渡して、それらを含み、まとめ

⑺ PMI シートで振り返り、個人が重点化する行動目標を決める。

この学級目標は、作って終わりではありません。むしろ、作ってからどのように意識化して使いこなすかが重要です。私は、自分たちがたどり着きたい場所と現在の位置との距離を測るための大切なツールとして活用しています。

具体的には、2か月に1回程度（必要に応じて回数の増減はある）、下の写真のようにPMIシートを活用して、「Plus（よくできたこと）」「Minus（課題）」「Improvement（改善点）」に整理して、振り返りを行います。ここで大切にしているのは、「Improvement（改善点）」でいくつかの改善法が出された後に、クラスまたは個人として何を行うのかを選択するという場面を設けるということです。

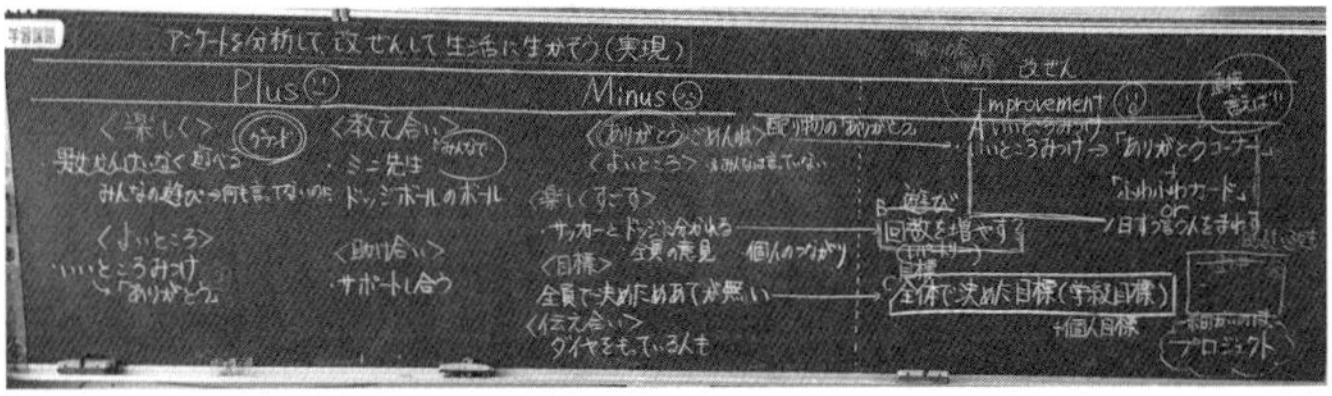

(6) いつでも目にできるところに掲示する。

学級目標を作成する際に大切なことは、分かりやすいキーワードとして、クラスの全員が言えることです。併せて、子どもたちがいつでも目にできるところに掲示しておくことも大切にします。一方でその掲示の中には、具体的な行動レベルとして、自分たちが大切にすべき行動指針も確認できるようにしておきます。

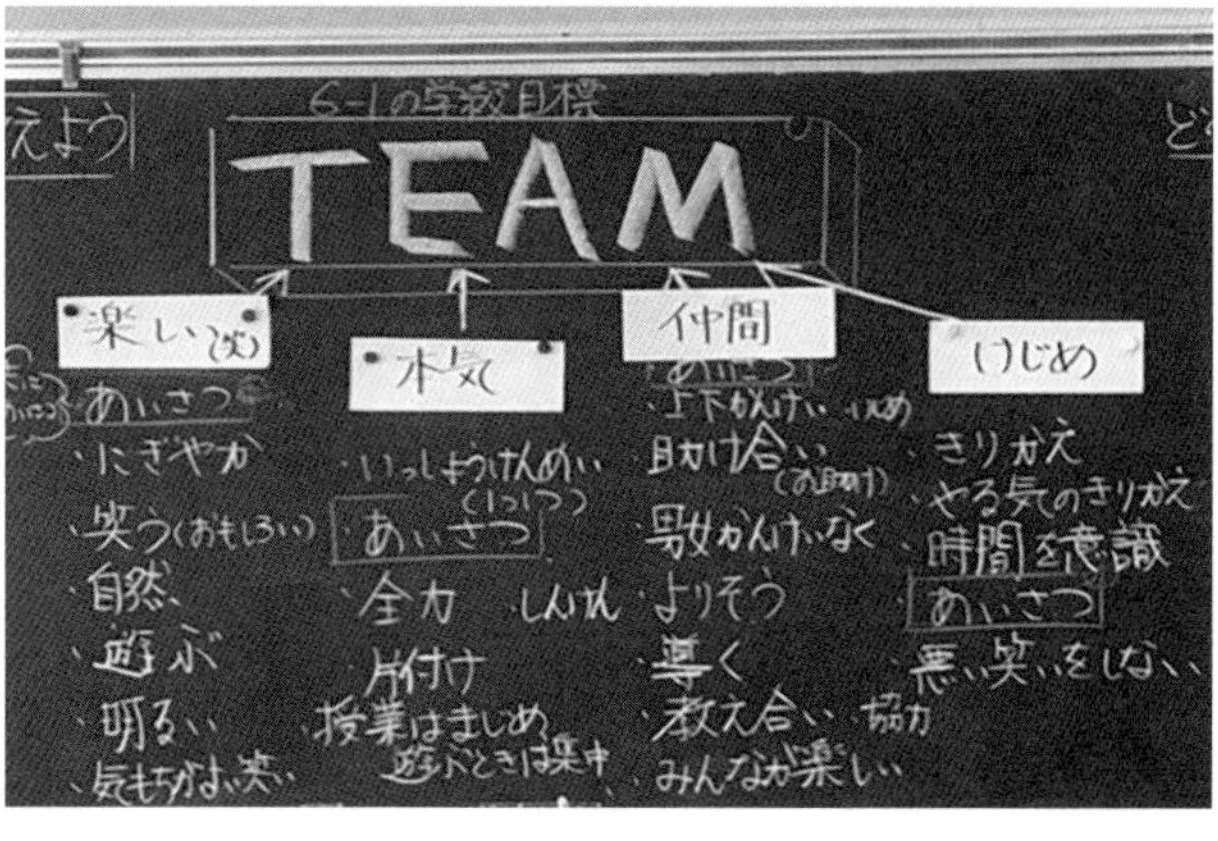

本音で語り合えるクラスづくりのキーワード

「本音」で語り合えるクラスづくりにおける三つのキーワードは、次のようになるでしょう。

1　話し合いの「方法・ルール」を共有する
2　「個性」を理解し合う
3　「課題の明確化」と「願いの共有」をする

お互いの「個性」を理解した個人がつながり合う。そうした集団（クラス）が、自分たちが解決すべき課題をはっきりと認識し、共通の願いをもつ。明確化された課題の解決のため、選択した話し合いの方法やルールのもと、本音で語り合う。そうした対話によって、新たな価値を生み出していくことができます。

「本音」で語り合えるクラスのイメージ

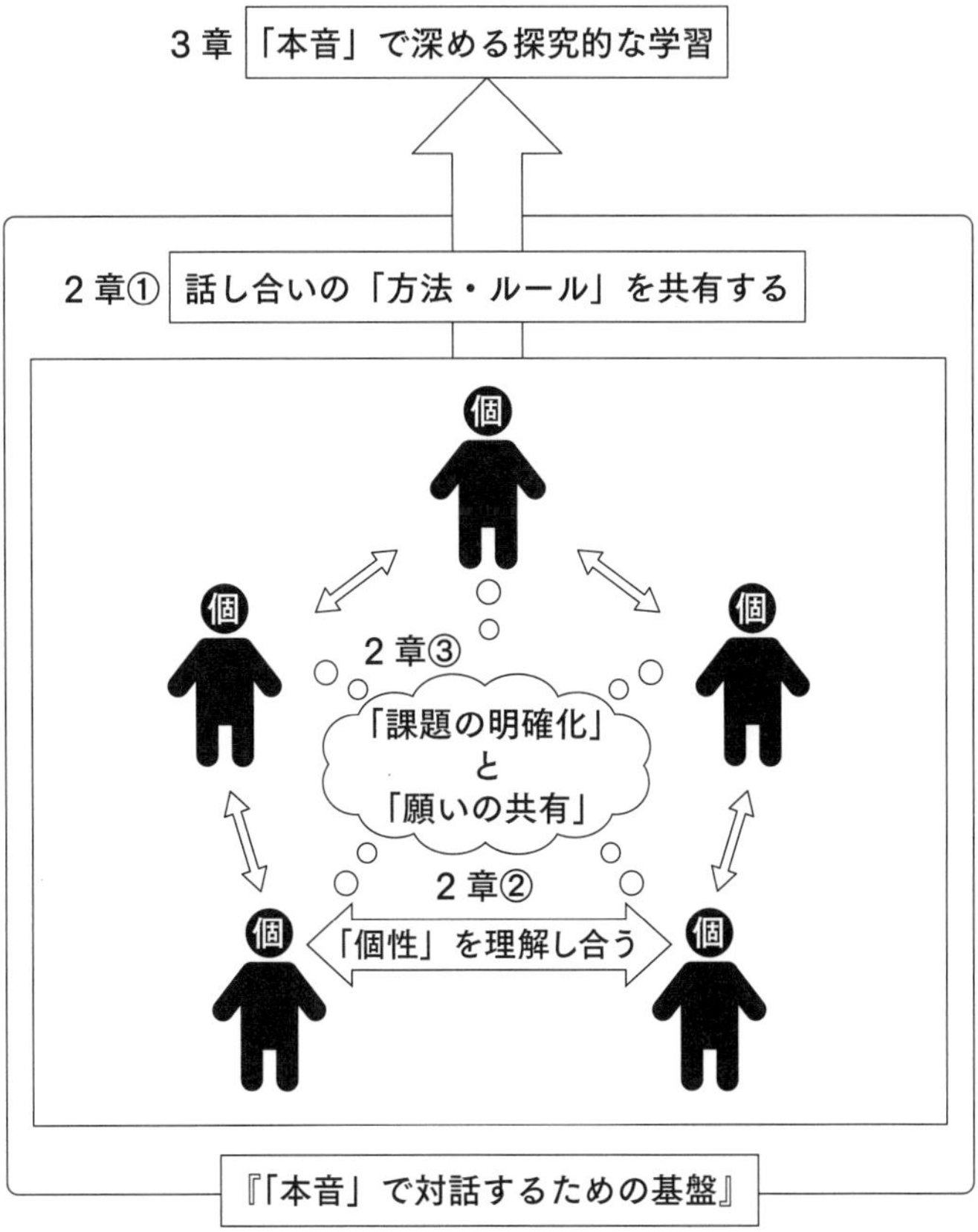

Column 2

私が子どもに伝え続けている話の2つ目は、**話し合うこと自体の意味や価値について**です。


話し合うことは、たくさんの石や岩をクラスのみんなで集めてきて、その中にダイヤモンドが隠されていないかを探し出す作業と似ています。

みんなは、問題を解決するためにたくさんの情報を調べたり、集めたりしてきます。この中にきっとダイヤモンドが隠されているはずだとたくさんの石や岩をクラスに持ち寄ってくるイメージです。

次は、どの石の中にダイヤモンドが隠されているのか1つずつ削っていきます。それは、どれが本物なのかをみんなで本気で話し合う場面です。クラスで1つのダイヤモンドを見つけられればいいので、自分の石の中にダイヤがなくても落ち込む必要はありません。大切なことは、クラスでダイヤモンドを見つけるということです。ダイヤが入っていた石を誰が持ってきたかに価値があるのではなく、それぞれが石を持ち寄り、一緒にダイヤモンドを見つけたということが重要なのです。

だからこそ、みんなで話し合うことは大切なのです。


私たちはときとして、自分の意見に固執したり、誰の意見が採用となったのかを重視したりする傾向があります。そういった感覚が、実りある話し合いやお互いの思いを通わせ合う上で、本質ではないことを、早い段階で子どもたちに伝えるようにします。

話し合いとは、集団で意思決定をしていくプロセスであること。決して、自分の意見を人に押し付け、採用されることに喜びを感じるのではないこと。

これらを理解した子どもたちは、友達の意見や考えを真の意味で理解しようとし、価値のある原石としてフラットな目で大切に扱えるようになります。

第3章

「本音」で深める探究的な学習

今、どうして探究なのか？

第2章では、「話し合うための方法やルール」「個々の関係性のつくり方」「課題や願いの共有の仕方」に代表されるような、「本音」で対話するための基盤をどのように子どもたちとつくっていくのかを考えてきました。

第3章では、子どもたちとつくってきた基盤の上で、どのような学習活動を展開し、子どもたちに期待される資質・能力を育むことができるのか、学びのプロセスに着目しながら、「本音」で深める学びについて考えていきたいと思います。

どのような学習活動によって、子どもたちに期待される資質・能力を育むことができるのだろうか？　その一つの答えは、「探究」にあると私は考えています。

小学校では新学習指導要領が全面実施となった今、教育に関わる様々な場面で「探究」

という キーワードを目にする機会が増えました。高等学校においては、「総合的な探究の時間」に加えて、「古典探究」「地理探究」「日本史探究」「世界史探究」の他、「理数探究基礎」「理数探究」などが、2022年度から新設されます。新学習指導要領のキーワードの一つでもある「探究」。今、どうして「探究」が求められているのでしょうか。

今、探究が求められる背景

現在、新型コロナウイルス感染症の影響によって、世の中が経済活動の保持・発展と感染症の拡大防止の狭間《はざま》で揺れ動く中、この社会全体を巻き込んだとてつもなく大きな問題に対して、世の中が総力を挙げて取り組まざるを得ない状況におかれています。刻々と変わる状況の中、正解のない問いに対して私たち大人は様々な分野の知見をもち寄り、問題の解決に向けて日々奮闘しているはずです。

第1章でも述べたとおり、加速度的に変化していく社会の中で求められる資質・能力とは、**他者と協働しながら主体的に問題解決できる力**だと考えます。主体的に問題解決できる力とは、決して与えられた課題を与えられた方法で解決する姿ではなく、むしろ自ら問題を見つけ、問題をしなやかに解決していく学びの姿です。こうした学びのプロセスを「探究」と呼びます。

改めて、実社会と学校教育における課題解決について比べてみると、実社会における課題とは、自ら見つけ出してチームのメンバーのみんなで力を合わせ、解決するものであるのに対して、従来の学校教育における課題とは、教師から与えられ（示され）、自分一人の力で解決するものであったのかもしれません。

一方、これからの社会で求められる学びは、学校と社会が地続きになっている学び＝「探究」です。社会の問題の解決に向けて、自ら学び、自ら考え、主体的に判断し、行動する力が求められているのです。そこには絶対の正解はなく、納得解や最適解を見つけ出すことが求められます。そうした学びの繰り返しの中でこそ、未来の社会を創る主体が、確実に育っていくと考えています。

今まさに、「探究する学び」が求められているのです。

そもそも、探究的な学習とは？

これまで私たちが経験してきた学びは、少なからず知識や技能の習得に主眼が置かれていたという側面があるかもしれません。決してこうした学びは否定されるものではありませんが、社会の喫緊の課題は、学校教育においても即時に応答することが求められています。そうした課題は、どうやら限定的な場面でのみ使うことができるような知識や技能で立ち向かうことはできそうにないことが分かってきました。

『小学校学習指導要領（平成29年告示）解説　総合的な学習の時間編』では、「探究的な学習」を「問題解決的な活動が発展的に繰り返されていく一連の学習活動のこと」だと定義しています（111ページ）。加えて、「探究的な学習」を「課題の設定」→「情報の収集」→「整理・分析」→「まとめ・表現」というプロセスを発展的に繰り返し、物事の本質を探って見極めようとする一連の営みであると解説しています。

それぞれのプロセスの中身について、私は具体的に以下のようなイメージをもって、学習活動を展開するようにしています。

【課題の設定】
・自分の身の回りや社会の関心に目を向けたり、いろいろな活動を試してみたりする
・自分が解決したい課題や世の中に広めたい素敵なこと・ものを見つける

【情報の収集】
・課題を解決するために、必要な活動や情報を見通す
・多様な方法で必要な情報を集める

【整理・分析】
・集めた情報を整理したり、分析したりする
・整理・分析した情報を根拠にして、自分の活動を振り返ったり、活動の価値を見直したりする
【まとめ・表現】
・自分が問題を解決する過程で分かったこと、考えたことをまとめる
・教科で学んだ知識や技能を活用し、目的に合った方法を選んで表現する

探究的な学習においては、当事者である子どもたちが主体となって、実社会や地域にある問題の解決を目指します。それは、決して他者から与えられた学びではなく、自らが求め、選択し、世の中にアクションを起こしていく学びです。こうした学びには、絶対の解決策や唯一の正解は存在しません。だからこそ、探究的な学習においては、**納得解や最適解を見出すこと**に価値が置かれます。

また、これは総合的な学習の時間のみならず、その他の教科等においても、限定的な場面でのみ使うことができるような知識や技能ではなく、あくまで資質・能力を育成しようと考えた場合、真正な課題について探究的に学ぶというプロセスを強く意識していく必要があると考えています。

「探究的な学習」と「本音の対話」

1 納得するということ

納得解や最適解を見出すための探究的な学習の過程において、子どもたちが自ら考え、仲間と協働しながら、知識や技能を選んだり、組み合わせたりしながら活用・発揮することによって、子どもたちは問題を解決する資質・能力を身に付けていくと考えられます。

このような学びの仕組みに着目すると、絶対の答えがないからこそ、対話によって徹底的にお互いが納得いくまで意見を交換し合い、合意形成を図りながらその問題状況に最も適している解決策を見つけ出すことが学習活動の中核となることが見えてきます。

自分たちや社会にとってベストな選択をし続けていくために、納得いくまで意見を交換し合う際に欠かすことができないもの、それこそが「**本音の対話**」なのです。

「全員が納得して決めた方がいい」
「みんなが納得しないと次の話し合いで意見が出すことができないから、最後までみんなが納得できるまで話し合わないといけない」
「話し合うことで、自分が知らなかったことも他の人がもっていたりするから、その意見を共有して、いいものをつくるためにみんなで話し合うことが大切」

この発言は、総合的な学習の時間で商店街の活性化を目指して、商店街のポスター作りをした5年生にインタビューしたものです。単元の終末に、試行錯誤して出来上がったポスターをお世話になったまちの方々や行政の方々にお渡しすると、子どもたちに感謝の声や活動の価値を讃《たた》える声がたくさん届きました。すべての活動を終えて、「どうしてこの活動が成功したと思う?」というインタビューをしてみたところ、前述のような返答が返ってきました。

クラスの多くの子どもたちが「納得」という言葉を使って自分たちの活動における話し合いの重要性について説明していました。このインタビューから、子どもたちは「いいものをつくるためには意見を共有して、みんなが納得できるまで話し合うこと」を大切にしていたことがよく伝わってきます。

しかし、このようにお互いに納得しながら物事を決めていくこと、これは簡単なことではありません。

「このまま話し合っていても決まらないので、多数決をとります」
↓（すぐに多数決で物事を決めようとする）
「この意見に賛成の人、拍手をお願いします」
↓（拍手で賛同を表現して、検討することなく物事を決めようとする）

「ぼくの意見は本当は違ったのに、○○くんの意見が採用された」
↓（自分の意見が通らないと落ち込む、もしくは怒る）
「なんか○○に決まったらしいよ」
↓（決まったことに対して無関心かつ責任をもたない）

私を含め、担任をしている方は、このような発言や状況に出合ったことがあるのではないでしょうか。決して、多数決や拍手が悪いわけではありません。ただ、私は検討をし尽くした結果、納得の上でそれらを用いてほしいと願っています。十分な検討が為されず、全員の納得を得ることがないまま進んだ結果、その後の活動への参加意欲はかき立てられるはずもなく、主体が誰なのか分からない活動に陥ってしまうことが容易に想像できます。

お互いが納得するためには、腹の内をしっかりと見せ合い、本音で語り合う必要があります。どちらかが遠慮していたり、本当の思いを隠して話し合いに参加したりしている限り、本当の納得に至ることはできません。だからこそ、多くの子どもたちには本音で対話をすることを通して、**納得して物事を決めていくという、尊い経験**をたくさん積んでほしいのです。さらには、**責任をもって自分たちが選んだ方法を実践して、世の中に影響を与**

える経験からたくさんの感動を得てほしいと思います。

2 対話のメカニズム

では、納得いくまでしっかりと話し合いを続けることができた実践では、どんな言葉を子どもたちが日常的に用いていたのでしょうか。先ほどの5年生のポスター作りの総合的な学習の時間の授業記録を見返してみると、クラスとしての意見をまとめようとする過程において、次のような発言がキーフレーズとなって話し合いが深まっていくケースが多いことが分かってきました。

「でもさ、本当は～」
「もしかすると、～かもしれないよ」
「みんなの感じ方と違うのかもしれないけど、～」
「みんなの話を聞いていて私は、～」

上記のような「でもさ」や「もしかすると」、「違うかもしれないけど～」に代表される、自分の本音を伝えようとする発言は、一つの事実（考え方）に対して、**臆せず自分なりの捉え方を伝え、全体に問い直すという効果**をもっていると考えています。

表面的な言葉として、「でもさ」「もしかすると」という言葉が聞こえてくればよいというわけではなく、「みんなはそのように考えているかもしれないけれど、自分はこんな見方をしているよ。さぁ、みんなはどう思う？」というように、素朴な思いが聞き手に届くことが重要なのです。

こうした発言は集団としてある事実や考えについて多面的に分析するきっかけを与えてくれます。今ここにいる私たち、そして身の回りの方々にとって最大の利益となること、みんなが幸せになる方法とはどれだろうと考えを巡らせ、納得解や最適解を見つけようとする対話を繰り返していくことができるのです。

3　「整理・分析」時の対話の重要性

これまでの自分の授業実践記録をもとに納得解や最適解に至ることができた対話を紐解《ひもと》いてみると、主に「整理・分析」の過程における対話で、次のような共通点があることが見えてきました。

1　個々がお互いの意見をもち寄り、安心して対等にアイディアを出し合う
2　話し合いが整理され、個々のアイディアの位置付けやお互いの立場が明らかになる
3　個々が本音を出し合い、分かり合える部分、分かり合えない部分を明らかにして、論点（考えの分岐点）を浮き彫りにする
4　焦点化された論点について、グループで議論を深める（お互いに納得できる可能性を探る）
5　全体で意見を共有し、個々が意見を表明した上で、全体での結論を出す（疑問や迷いを解決できないか、少数の意見を取り入れることはできないかを探る）

このような「本音の対話」が、納得解や最適解を求める探究的な学習のプロセスの中で展開されることにより、子どもたちの物事に対する捉え方や見方が拡張されていきます。話し合いの「方法・ルール」を子どもたちが問題を解決していく中で必要感に応じてつくったことと同様に、子どもたちにとって**文脈がはっきりしない中で対話の部分のみをトレーニングしても、その効果は期待できません**。「課題の設定」から始まる質的に高められた探究的な学習のプロセスの中で、判断をするに当たって十分な情報を個々が得た上で、

本気で繰り広げられる対話であるからこそ、子どもたちは本当に役に立つ力を身に付けていくことができます。

「少子高齢化」や「人口減少」のような、唯一の答えは存在しないけれど、具体的な対策（解決の方法）が早急に求められる課題に挑んでいく過程において、その解を求めるために本音で対話をすることによってたどり着いたお互いの納得、いわゆる合意形成が不可欠なのです。

特に、お互いの納得を生み出すためには、3の「個々が本音を出し合い、分かり合える部分、分かり合えない部分を明らかにして、論点（考えの分岐点）を浮き彫りにする」ことが重要です。本音が鍵となって、自分たちが思い悩んだり、是非を判断したりする必要がある論点が炙《あぶ》り出されることによって、より話し合いの軸が鮮明になり、シャープに議論を展開することができるようになります。

このように「探究的な学習」の中でこそ、「本音の対話」が輝きを放ち、「本音の対話」があるからこそ「探究的な学習」の質が高まっていくというわけです。この二つは不可分なものであり、「探究のプロセスを質的に高め、本音で語り合う授業づくり」を目指すことが重要となってくるのです。

探究のプロセスを質的に高め、本音で語り合う授業づくり

では、探究のプロセスを質的に高め、子どもたちが本音で語り合う授業づくりとは、どのように営まれるものでしょうか。

最適解や納得解を自分たちの力で導き出すためには、子どもたちの承知のもと「課題の設定」と「情報の収集」の過程を精緻にかつ丁寧に積み重ねることによって、「整理・分析」の過程において子どもたちが本気になって、あらゆるデータと体験をもとに本音の対話を繰り広げることが必要となります。

さらに、その最適解をもとに、自分たちや社会にとって利益を生み出すプロダクトを「まとめ・表現」の過程で発信していきます。簡潔に表現すると、**「課題の設定」と「情報の収集」で安心して話すための準備・材料を整え、「整理・分析」の場面で本音の語りを花開かせる**ようなイメージです。

理想として、特定の学習場面だけではなく、日常の場面や探究の各プロセスにおいて、本音で語り合う学びが日常的に起こりうるクラスを子どもたちと共につくっていきたいと願っています。

ここでは、常に本音で語り合うクラスを目指すことを前提としながら、その一歩目としてまずは、「整理・分析」の過程において本音で語り合い、そのよさを感じ取ることができる場面をどのように子どもたちとつくり出していくのか、探究的な学習の各プロセスを丁寧に追いながら考えていきたいと思います。

単元の概要

当時の勤務校、横浜市立戸部小学校5年生の総合的な学習の時間の取組で、自分たちが暮らすまちの特徴を地域ＰＲ動画で発信するという活動に取り組みました。

子どもたちが自分たちのまちならではの特徴を動画で発信する活動を通して、人と人とのつながりを大切にしているまちの方々の思いを知り、地域の一員としてまちが活性化していくために自分にできることを考え続ける姿を目指しました。

「とべまちPRムービー」単元計画

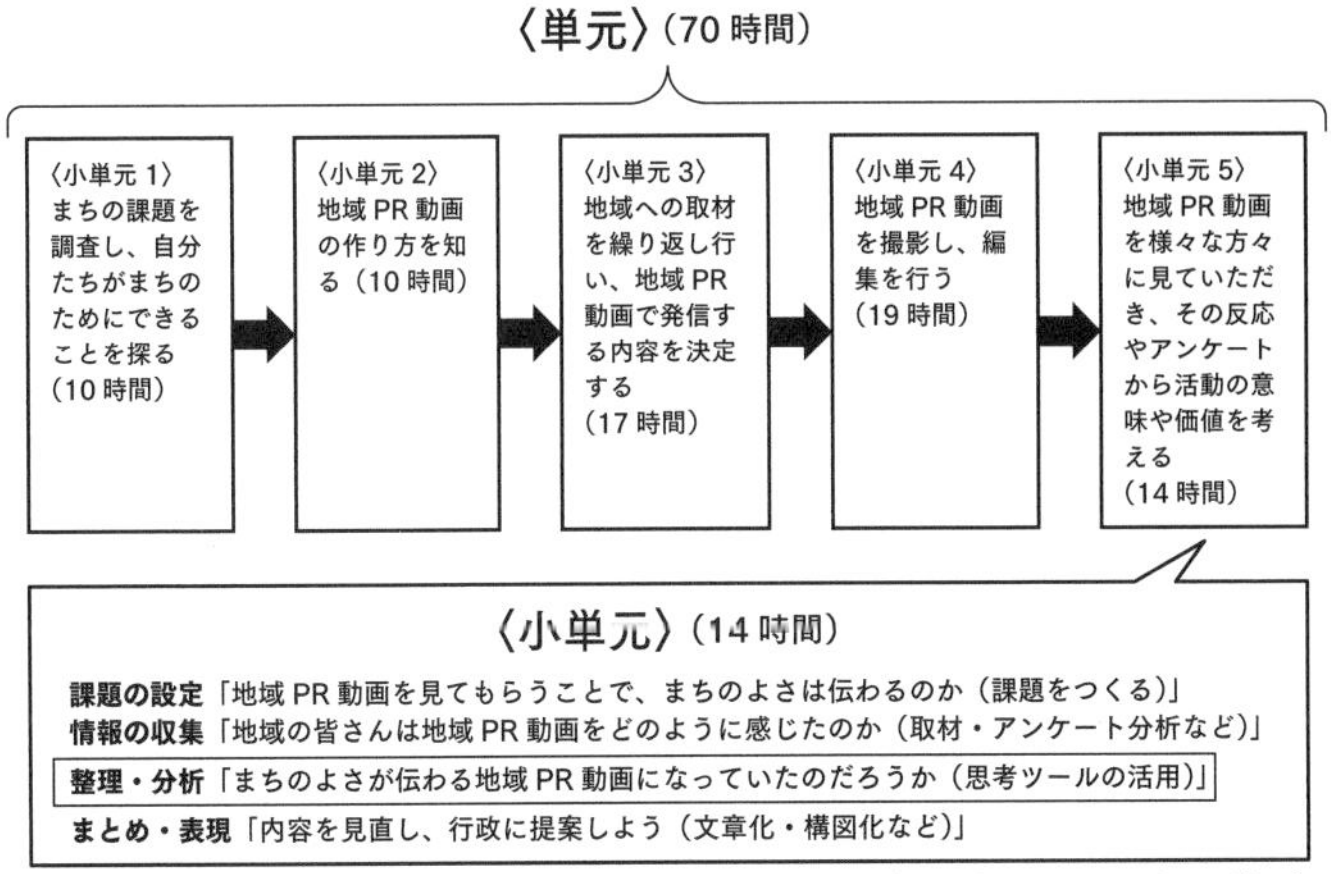
〈単元〉(70時間)
〈小単元1〉まちの課題を調査し、自分たちがまちのためにできることを探る(10時間)
〈小単元2〉地域PR動画の作り方を知る(10時間)
〈小単元3〉地域への取材を繰り返し行い、地域PR動画で発信する内容を決定する(17時間)
〈小単元4〉地域PR動画を撮影し、編集を行う(19時間)
〈小単元5〉地域PR動画を様々な方々に見ていただき、その反応やアンケートから活動の意味や価値を考える(14時間)
〈小単元〉(14時間)
課題の設定「地域PR動画を見てもらうことで、まちのよさは伝わるのか(課題をつくる)」
情報の収集「地域の皆さんは地域PR動画をどのように感じたのか(取材・アンケート分析など)」
整理・分析「まちのよさが伝わる地域PR動画になっていたのだろうか(思考ツールの活用)」
まとめ・表現「内容を見直し、行政に提案しよう(文章化・構図化など)」

(※本章で取り上げる小単元)

課題の設定

「課題の設定」が上手くいくかどうかは、その後の探究が成立するかどうかの大きな分岐点となります。本気で解決したい課題を自分たちで見つけ出した子どもたちは、その後の「情報の収集」についても熱意をもってインタビューをしたり、資料を読んだりするなどして情報を集めることができるでしょうし、さらに「整理・分析」の過程においては、自分たちの問題の解決に向かって、本音を出し合って対話する姿を期待することができます。このように、**子どもたちの活動に向かうエネルギーの根源を生み出す役割**を担っているのが、「課題の設定」だと言うことができます。

では、詳細に「課題の設定」のポイントについて考えていく上で、まずは総合的な学習の時間の単元の構成について確認しておきたいと思います。前ページで小単元と単元の関係性を表しているように、全70時間で単元を展開しようとすると、およそ10〜15時間からなる小単元が集まって構成されることになります。「課題の設定」から「まとめ・表現」までの問題解決のプロセスが小単元の中で発展的に繰り返され、単元がつながっていくというイメージです。

　そこで、「課題の設定」に関しては、「単元を通した課題の設定」と、「小単元の課題の設定」に分けて考えていきたいと思います。

1 単元を通した課題の設定

　ここで言う「単元を通した課題の設定」とは、この年の5年生が1年間の70時間を費やして、解決しようとする課題を設定することを意味しています。それに対して「小単元の課題の設定」とは、根本として「単元を通した課題」を解決することを目指し、およそ10〜15時間からなる問題解決の1サイクルで解決しようとする、より具体的な課題を示します。まずは、「単元を通した課題」がどのようにつくられていったのかを明らかにしてみたいと思います。

　5年生の子どもたちと、まずはどんな総合に取り組んでみたいかを話し合ってみました。

すると子どもたちから、

「今までの生活科や総合で、地域の方々にすごくお世話になってきた。地域の方々のおかげで成功したから、地域のためになる活動がしたい」

「地域の人に見てもらったり、教えてもらったりすることで、自分たちの活動がもっとよくなったり、分かりやすくなったりしたから、地域の人を大切にした総合がしたい」

という声が上がってきました。

これまで、生活科や総合的な学習の時間で、地域をフィールドにして、まちの方々と豊かに関わりながら活動を展開してきた子どもたちですから、自分たちのまち、そしてそのまちに住む方々を誇りに思って日々の生活を送っています。そうした背景をもつ子どもたちは、どのようなまちの役に立つ活動があるのかを実際にまちに出て探してみたいと考えました。

商店街の店主さん、まちを歩く方々、公共施設を運営・利用する方に対して、「このまちで素敵だと思っていることや場所」「自分たちの住むまちについて感じていることや困っていること」を尋ねてみました。すると、

「まちから人が少なくなってきているんだよ」
「昔は、お店も人もたくさんいて、活気があったのにね」
「商店街を利用してくれるお客さんが少なくなってきているんだよ」
「やっぱり、昔ながらの人付き合いがこのまちのよさだと思うよ」
「PRしたり、人を呼び込んだりすることでまちがまたにぎやかになるとうれしいな」

というような声が返ってきました。

クラスで自分たちが集めてきたインタビューの情報をお互いに紹介していると、どんどんと子どもたちのトーンが暗くなっていってしまいました。この話し合いの途中で私が、

教　師　みんな、正直なところどう感じたの？
子ども　ちょっとは予想していたけれど、これほどとは思ってなかった。
教　師　どういうこと？　もう少し詳しく教えて。
子ども　すごく、活気がないとか、人が減っているという声が多くて。

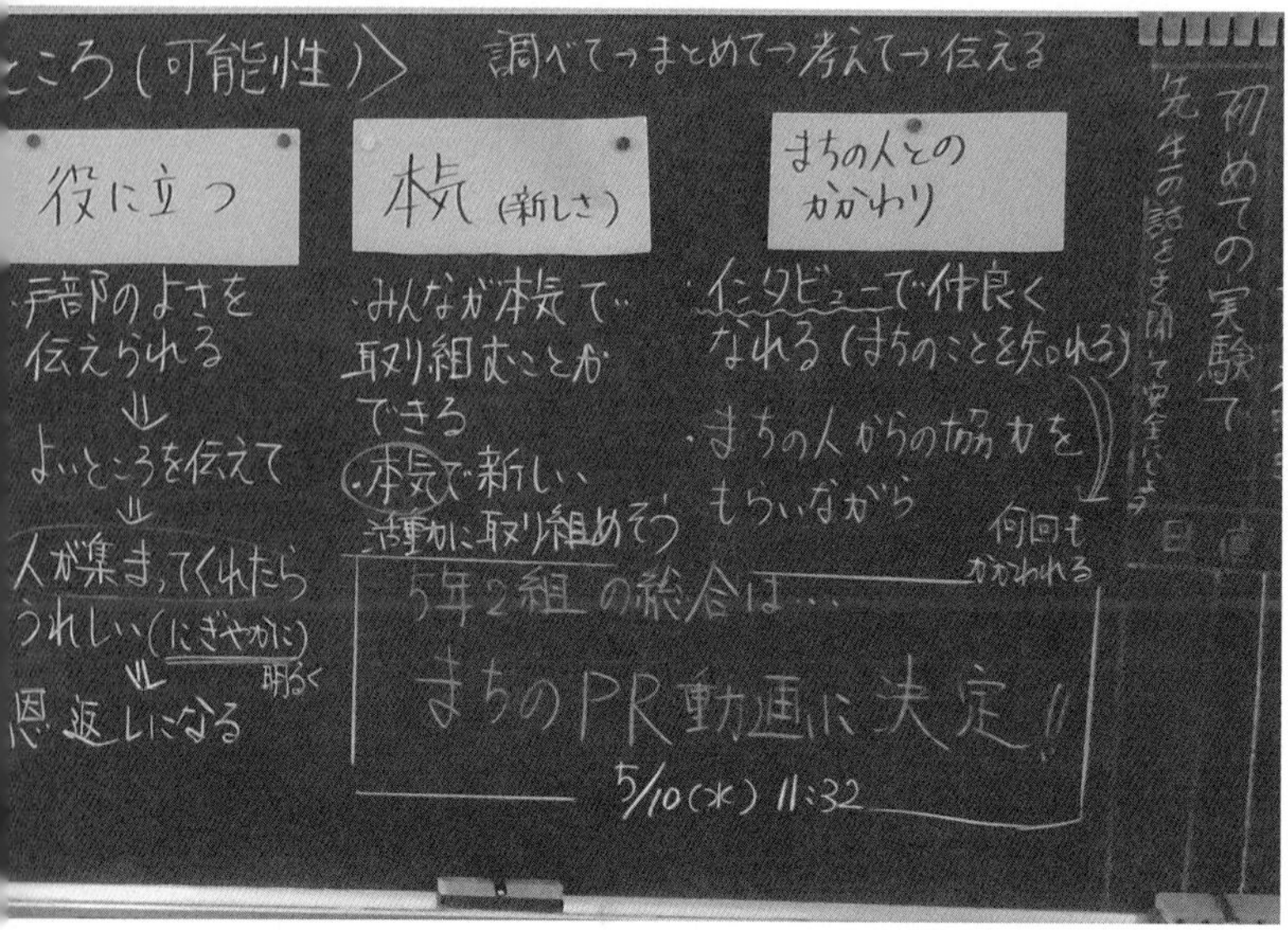

教　師　なるほど。なるほど。同じように感じている人っている。

子ども　はい。予想よりも、「素敵だと思うところってありますか」という質問について答えてくれた人も少なくて……。

教　師　ありがとう。結構ショックな結果だったんだね、うん。少しずつまちの様子が見えてきたのかな。これから自分たちがやるべきことは何か、ちょっと近くの人と話してみようか。

子どもたちはこれまでに積み重ねてきた生活科や総合的な学習の時間で自分たちが暮らすまちの自然のすばらしさ、人の温か

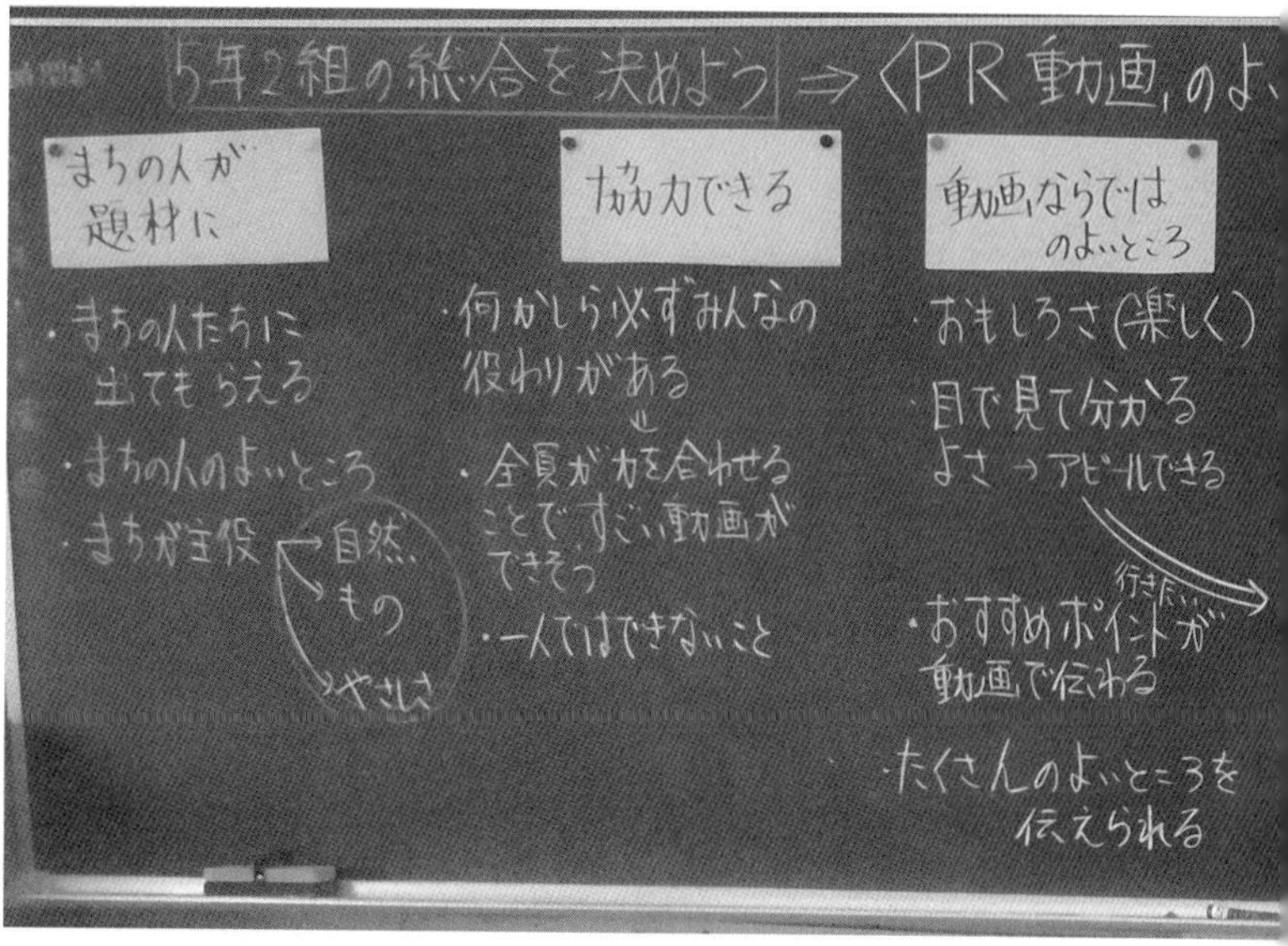

写真15　板書「5年2組の総合を決めよう」（5月）

さ、まちがもつ歴史の豊かさを十分に感じ取ってきていました。それなのに、実際にまちに出て大人たちに話を聞いてみると、「自分たちのまちは活気がなくなってきている上に、まちのよいところはいまいち知られていない」という課題が顕在化していきます。

　こうした事実を共有した上で、今年本当に自分たちが為すべきことについて話し合いを重ね「まちのよさを知ってもらって、このまちにたくさんの人が来るような総合をしたい」という願いをはっきりとさせていきました。

　具体的にまちのよさを広める方法については、「地域ＰＲ動画」「マップ制作」「演

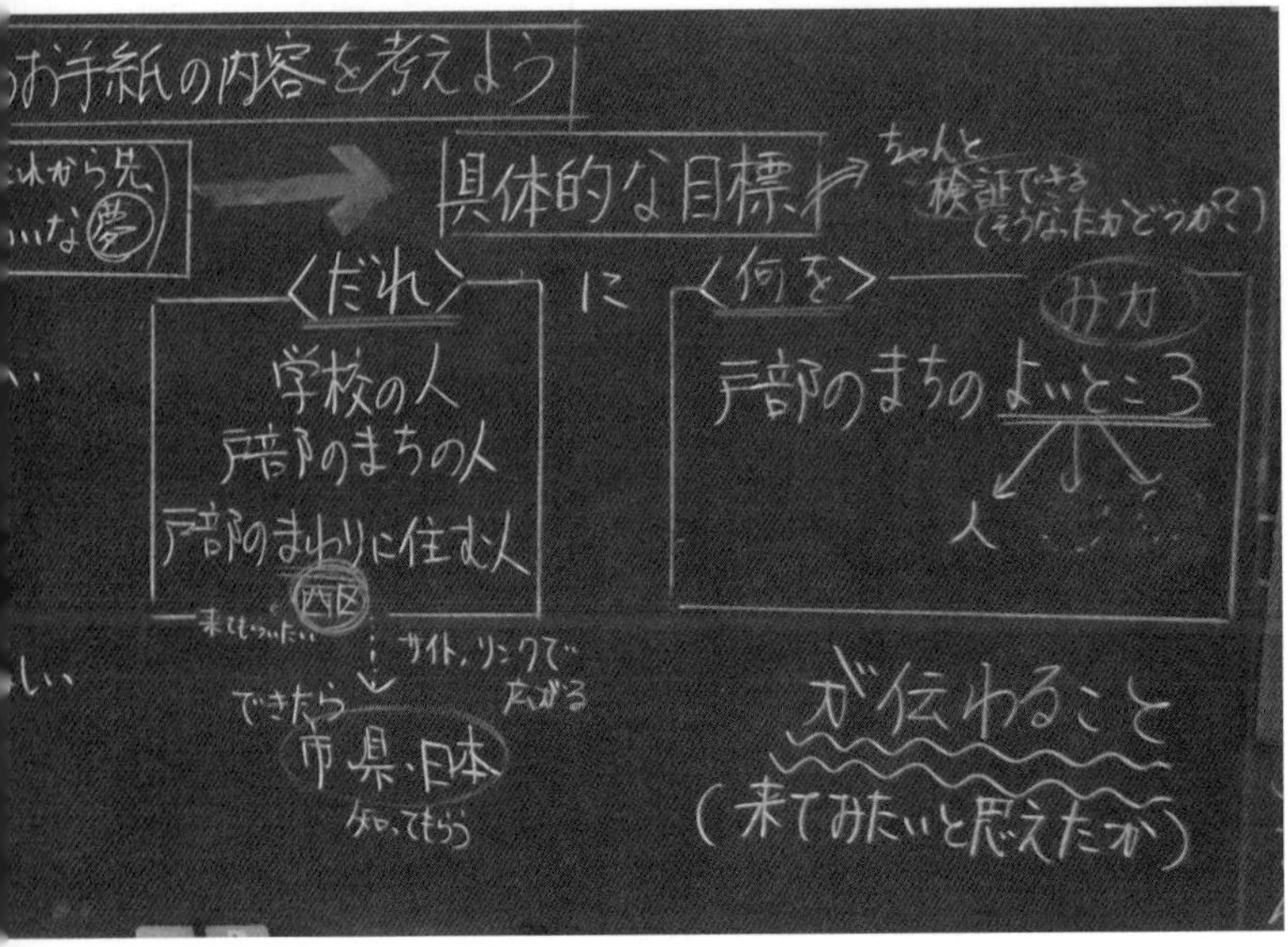

説」といった選択肢を、複数の視点から比較した上で、「効果が持続すること」「一人ひとりの役割がしっかりと分担できること」「まちの方々に取材をして関わることができること」などの理由から、「地域PR動画」作りを活動の中心に据えることに決定しました。

このように、単元が立ち上がった5月の段階で（写真15）、写真16のように、大きな目標と具体的な目標をはっきりとさせました。「このまちにたくさんの人が来て、笑顔があふれてほしい」という夢・願いを叶えるために、「学校・地域・地域の周辺に住む方々」に「まちのよいところを伝える」ことを目標として活動を行うことにし

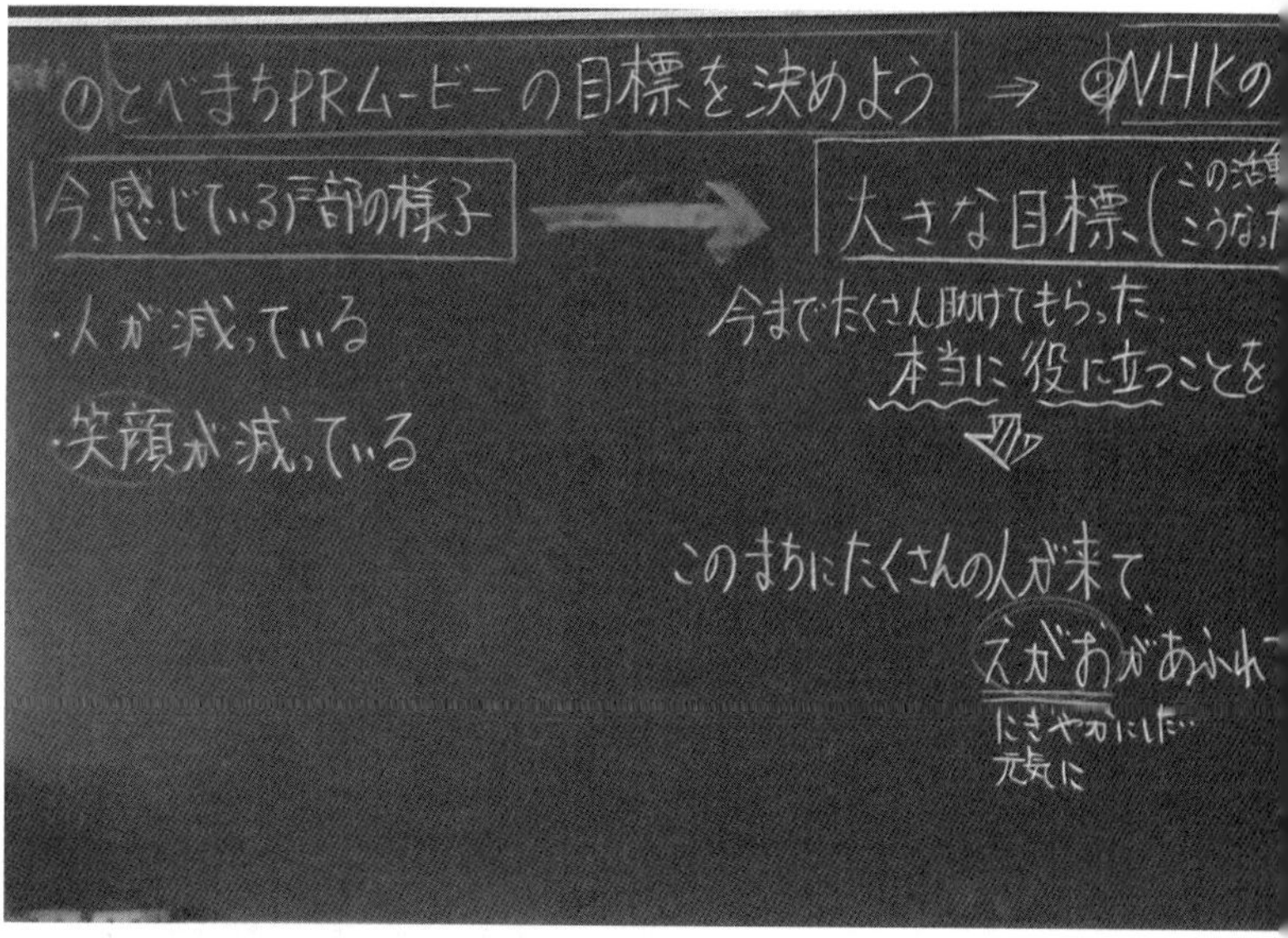

写真16　板書「とべまちPRムービーの目標を決めよう」

ました。

このように「単元を通した課題」を設定する際に極めて重要なのは、いかに子どもたちが本気で追究したいと思える課題を設定できるかということです。

しかし、課題を設定すること自体が、普段何気なく、無意識に様々な状況を受け入れて過ごしている日常から、問題を顕在化させる行為であるからこそ、教師には「**現状と理想の隔たり**」を自覚化するための手助けをすることが求められます。

「単元を通した課題」を設定する際に大切にしたいことは、

○インタビューやアンケート、統計資料等の子どもたちが実際に目にしたり、耳にしたりして感情を突き動かされる方法を用いて生の情報を集め、事実を共有する
○「このようにあってほしいと願っているのに、そうはなっていないこと」や、「こんなにも素敵なことがあるのに知られていないから、もっと広めたいこと」のように「現状と理想の隔たり」を言語化する
○自分はどうしていきたいと考えているのか、一人ひとりの願い（大きな目標）を共有した上で、具体的な活動レベル（誰に何をするのか）で目標を設定する

2　小単元の課題の設定

前述のような目標を達成するために小単元5では、「自分たちが暮らすまちのよさを人に知ってほしい」という思いの実現に向け、地域PR動画を多くの方に視聴してもらい、再度その内容を見直すという学習活動を行いました。

この小単元に臨む子どもたちは、自分たちで撮影した素材をもとに何度も編集を繰り返

し、四編の地域PR動画を作成しました。

戸部小学校では、毎年2月に各クラスの生活科や総合的な学習の時間の学びの成果を発表する学習発表会が行われます。当然、これまで作ってきた地域PR動画をその場で発表しようという流れになりそうですが、まず、学校で行われる学習発表会にクラスとして参加する目的をはっきりとさせるために、何のために学習発表会に出るのか話し合う機会をもちました。

これは総合的な学習の時間に限ったことではないのですが、よくやってしまいがちなのが、なんだかイベントがあるからとりあえず出かけてみる、とりあえず詳しそうな人がいるから話を聞いてみる、という**無自覚な「とりあえず〜してみる」という活動**です。限られた時間数の中、子どもたちが自分たちの学習活動を調整しながら学んでいくことを大切にしようとした場合、こういった「とりあえず〜してみる」は、できる限り避けたいと考えています。

教　師　今年ももちろん、学習発表会があるんだけれど、これって出る必要あるってみん

なは考えてますか？

子ども　出ます。出ます。もちろん出るよな。

子ども　出るに決まっているじゃないですか。

教　師　ちょっと教えてほしいんだけれど、この学習発表会は地域ＰＲ動画の活動にとってどんな意味があるのかね？

子ども　見てもらえるし、反応がもらえる。

子ども　たくさんの人にまちのよさを知ってもらえる。

子ども　学習発表会では、学校のみんなもそうだけど、地域の人たちも来てくれるから、地域の方に見てもらえるよね。

子ども　私たちが作った動画で、まちのよさを広めることができるチャンスだと思います。

子ども　見てもらった反応で、もっと動画をよくできると思います。

教　師　なんだか、そもそも総合の目的についても意見が出てきているね。この発表会に出ることで、総合の目的も果たすことができそうってことかな。

子ども　かなり近づくことはできると思う。

教　師　ちょっと、大事な部分です。総合、そして学習発表会の目的について話が出てきているんだけれど、ここは、みんなで話すためにグループの時間をとった方がいいのかなと思うんだけど、どうかな。

子ども はい。とった方がいいと思います。

教　師 じゃあ、今年の総合の目的、そして今回の学習発表会の目的をメインに話し合ってみましょう。

【少人数グループでの話し合いが続く】

私からの投げかけは、根本的すぎて多少意地悪に見て取れるかもしれません。しかし、これまで着実に総合を進めてきた子どもたちは、これくらいの揺さぶりではびくともしません。むしろ私からの投げかけを面白がり、改めて目的を言語化することを楽しんでいるようでした。

少人数グループでの話し合いを終え、全体共有をする場面では、総合的な学習の時間の目的は一貫して「戸部のまちのよいところをたくさんの人に知ってもらいたい（できたらまちに来てくれる人が増えたらうれしい）」（写真17・18）ということを改めて確認するこ

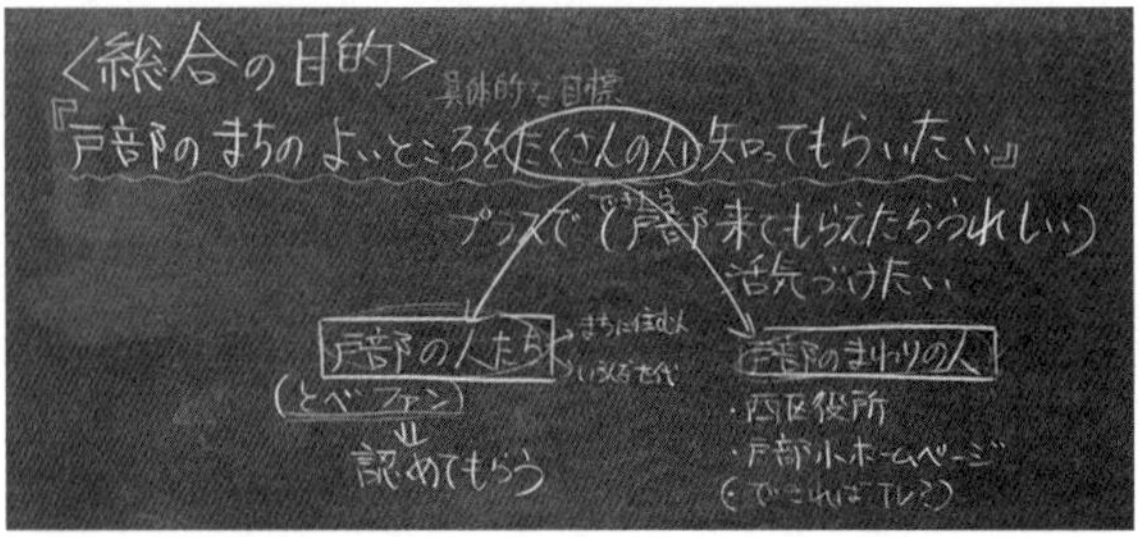

写真 17　総合の目的

とができました。また、学習発表会は、「まちのよさを広める機会」であり、「アンケートをもとに動画を改善する機会」であると整理することができました。

さらには、ここでの話し合いによって、学習発表会は地域の人を対象にすること、学習発表会後には、地域の外の方々に知ってもらう活動（ホームページへの掲載、区役所への提案）に移行していくという、活動の対象や範囲までも明確にすることができました。

必要なことは子どもたちに、

「ところでさ、何のためにこの活動ってやるの？（やっているの？）」

と、問いかけるだけです。こうした問いかけをきっかけとして、子どもたちが再度、自分たちの活動の意味を問い直す機会をもつことができるようにします。そうすることによって、どんな問題を解決するために（課題）、何をしてきたのか（活動）を明確にすることができます。

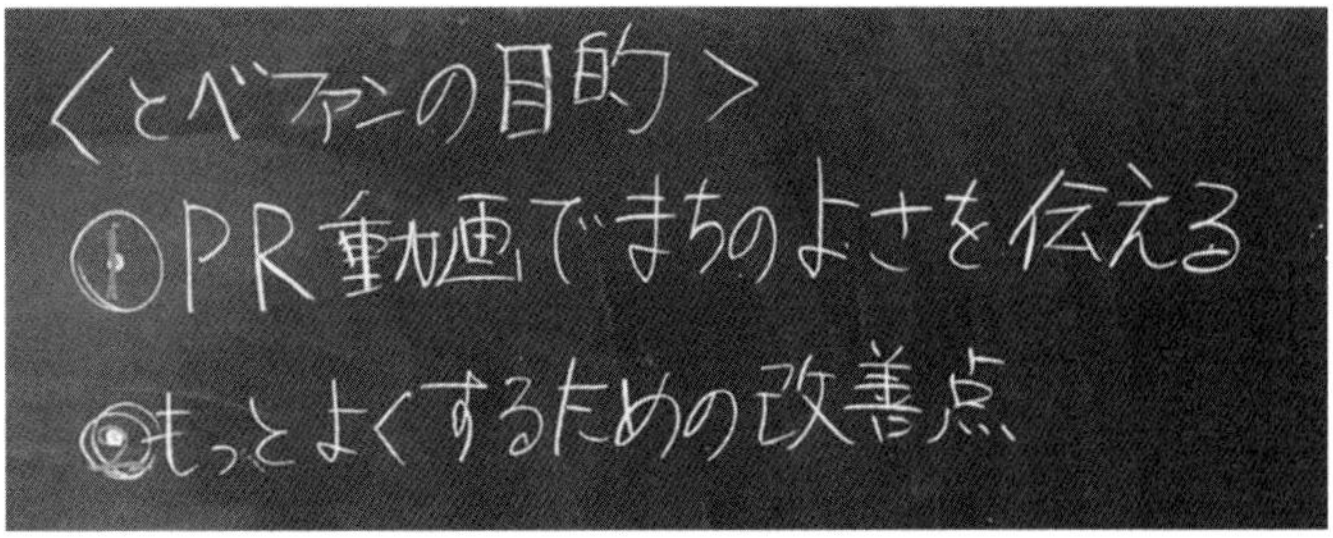

写真18　学習発表会（「とべファン」という名称）の目的

何気ないことかもしれませんが、課題を意識して活動に取り組んでいるかそうでないかは、この活動の意味や価値を振り返る「整理・分析」の過程において必須の条件と言えます。

「小単元の課題」を設定する際に大切にしたいことは、

○「どんな問題を解決するために（課題）、何をしてきたのか（活動）」を改めて考え、その際に見直した内容を言語化する
○これから行う活動（小単元で行う活動）は何のために行うのか、目標を達成するとどんな意味があるのかを言語化する

情報の収集

「整理・分析」の過程で、自分たちの活動の意味や価値を問い直す場面において、子どもたちが根拠を明確にもち、安心して本音を伝え合うために欠かすことができない活動がこの「情報の収集」と言えます。この後に展開される「整理・分析」における話し合いが充実すること、言い換えれば本音でやりとりをして、納得解を生み出すことができるかどうかは、この「情報の収集」における下準備にかかっていると言っても過言ではありません。

1 仮説を立てる

子どもたちと学習発表会に参加する目的をはっきりとさせた次の時間のやりとりです。

教　師　みんなの学習発表会の目的を確認させてもらってもいい？　どんな目的で参加するんだっけ？

子ども　見てもらった人に、地域PR動画でまちのよさを知ってもらうことです。

子ども　私も同じで、まちのよいところや特徴を広めることだったと思います。

教　師　ありがとう。ということは、見てもらった人がどうなれば、私たちの活動は目標達成と言えるのかな？

子ども　PR動画を見てもらって、まちのよいところがしっかりと伝わることだと思います。

子ども　あぁ、このまちって素敵だなぁ、と思ってもらえることです。

子ども　付け足しで、まちの歴史がいいと思いましたとか、公園が素敵でしたとか、伝えたいよさがしっかりと伝わったらいいと思います。

教　師　じゃあ、私たちが学習発表会を終えてから、**できたかどうかを話し合うときの課題**をズバリ短く言葉で表現できる人いるかな？

子ども　「まちのよさは伝わったか？」だと思います。

教　師　もう少し詳しく、どうすることで伝わったのか、自分たちの活動内容を入れられる？

子ども　「地域ＰＲ動画でまちのよさを伝えることはできたのか」でどうですか。

教　師　みんな、〇〇さんがズバリ、短く表現してくれているけれど、どうかな。

子ども　いいね。いいね。

というような流れで、子どもたちとやりとりをして課題を再度、言語化していきました。

『小学校学習指導要領（平成29年告示）解説　総合的な学習の時間編』において「ただし、この①②③④の過程を固定的に捉える必要はない。物事の本質を探って見極めようとするとき、活動の順序が入れ替わったり、ある活動が重点的に行われたりすることは、当然起こり得ることだからである」（9-10ページ）と、探究的な学習のプロセスの関係性について説明されています。順序が入れ替わったり、重点化が為されたりすることがあるように、それぞれの過程を固定的に捉える必要はなく、探究の過程が密接に関わり合い、境目の認識が難しいほどなめらかに連続して学習活動が続いていくことも十分にあり得ます。

実際、探究のプロセスにおける「課題の設定」と「情報の収集」は、かなり密接に関係しています。「課題の設定」で、自分たちが追究する課題を言語化することは、これから**検証していく仮説を立てることと同じ役割を果たします**。この小単元で言えば、「地域PR動画を見てもらうことによって、まちのよさを伝えることができるだろう」という仮説を、「情報の収集」で集めたデータをもとに検証していくことになります。具体的な検証の方法としては、地域PR動画をたくさんの方に見ていただき、その反応から自分たちの活動の意味と価値を分析するという流れです。

そうした極めて重要な局面だからこそ、適切にアドバイスをしながら、共に課題を設定する教師のスタンスが問われます。私は、

「学習発表会を終えてから、**できたかどうかを話し合うときの課題**をズバリ短く言葉で表現できる人いるかな？」

と、子どもたちに問いかけることによって、子どもたちがこの後の学習活動のイメージをもつこと、そして判断できるレベルで簡潔に言葉に表すことの手助けをしています。それぞれの先生、クラスの個性によって様々なアプローチの仕方があると思いますが、肝心な

のは子どもたちが活動の意味や価値を集めたデータから、「整理・分析」の際、なるべく客観的に分析することができるように、**できたかどうかを話し合うことができるレベル**で言語化することができるように、言葉を引き出していくというイメージです。

2 課題解決のために必要な活動や情報を見通す

次は、子どもたちと共に先ほど言語化した課題を解決するために、どのような情報をどうやって手に入れるかを話し合っていきます。

例えば……、

- 食品の開発をしてきたのならば、食べてもらって感想をもらう
- ゲームを作ったのならば、遊んでもらって感想をもらう
- 交流会を計画したのならば、参加してもらって感想をもらう
- ポスターや動画を作成したのならば、視聴してもらって感想をもらう

というように、その活動に適した情報の収集の方法が考えられます。ここで大切にしたいのは、どの活動にも共通している「感想をもらう」際に、**ストレートに自分たちが創り上げたものやことを体験してもらうということです**。せっかくゲームを作ったのに遊んでもらわずに感想をもらったり、食品の開発をしたのに食べてもらわずに感想をもらったりすることは、できる限り避けます。そうした検証の方法を子どもたちと共に決定していく際に教師が気を付けることは、「ストレートに自分たちが創り上げたものを体験して、感想をもらう方法になっているか」を繰り返し子どもたちに問いかけていくことです。

実際に、地域PR動画の成果を検証するための方法については、どうだったかというと、今回は「動画」だったので、まずは学習発表会に来場されたお客さんに動画を見ていただくことにしました。そこではかなりの人数の方が視聴されるので、一人ひとりに対するインタビューは時間的に厳しいため、アンケートを作成して、書いてもらうという方法を選択しました。

アンケートという手法は、文字言語で反応が手元に残り、何度も見返すことができるので、優れた情報収集の方法として活用する場合が多いのですが、注意を払う必要があるのはその中身です。しっかりと課題を検証できる項目を子どもたちと決めていく必要があります。

教　師　私たちがアンケートで聞くべきことって何だろうね？

子ども　単刀直入に地域PR動画で、まちのよさが伝わったかを聞くべきだと思う。

子ども　私は、四つの動画それぞれのことも聞いてみたいと思います。そうすると、もしも改善点があったら、書いてもらえると思うからです。

子ども　私もそれぞれの動画の感想を聞きたいと思っています。改善点ももちろん聞きたいけれど、どのチームのどんなところからよさが伝わったのかも聞いてみたいと思っています。

子ども　今年の活動全体についての感想も聞きたいから、自由記述も入れたいと思うんだけれど。

このように、アンケートの項目について子どもたちからは、たくさんの尋ねてみたい内容が出てきました。それらを、そもそもの「地域PR動画でまちのよさが伝わったかどうか」を検証する質問項目となっているかどうかという視点で見直し、本当に必要なものを選択したり、組み合わせていきました。

そうして出来上がったのが写真20のアンケートです。①の項目で、伝わったのかどうかについて端的に尋ねて、量的なデータを収集します。次に②の項目の、理由を尋ねることによって自分たちの動画への評価に対する理由を質的に尋ねます。さらに③の項目を設けることによって、記述の自由度を高くすることで、上の二つの項目では拾いきれなかった意見を収集することをねらっています。このように、伝わったかどうかをその理由をセットで尋ねることで、この後の活動で自分たちの活動を省察するための豊かな材料を得ることができます。

3　アンケートを根拠にして、個人で判断する

学習発表会の当日、多くの方々のご協力をいただき、およそ250のアンケートが集まりました。今度は、このアンケートをじっくりと読んで、個人で分析する過程へと進んで

写真19　学習発表会で、地域PR動画を視聴してもらう

いきます。その際に「全部、真剣に読むんだよ」なんていう声かけは一切必要ありません。自分たちの活動に対して、リアルな反応を知ることができる、子どもたちにとっては待ちに待った瞬間だからです。

　アンケートを一通り読んだ子どもたちは、いよいよ「地域ＰＲ動画でまちならではのよさを伝えることができたのか」という判断を個人で行う過程に進んでいきます。個人の判断を書いてまとめる際には、子どもたちに２１３ページ資料の「アンケートを読む極意」を手渡しました。子どもたちが２５０枚を超えるアンケートを適切に読み解き、安心して自分の判断を自分の言葉で書き表すことができるように支援することがねらいです。どのような情報をどんな処理過程を通して、どのようにアウトプットすればよいのかをある程度見通すことができることによって、クラスの全員が根拠をはっきりとさせて、自分の考えをまとめて書き表すことが可能となります。

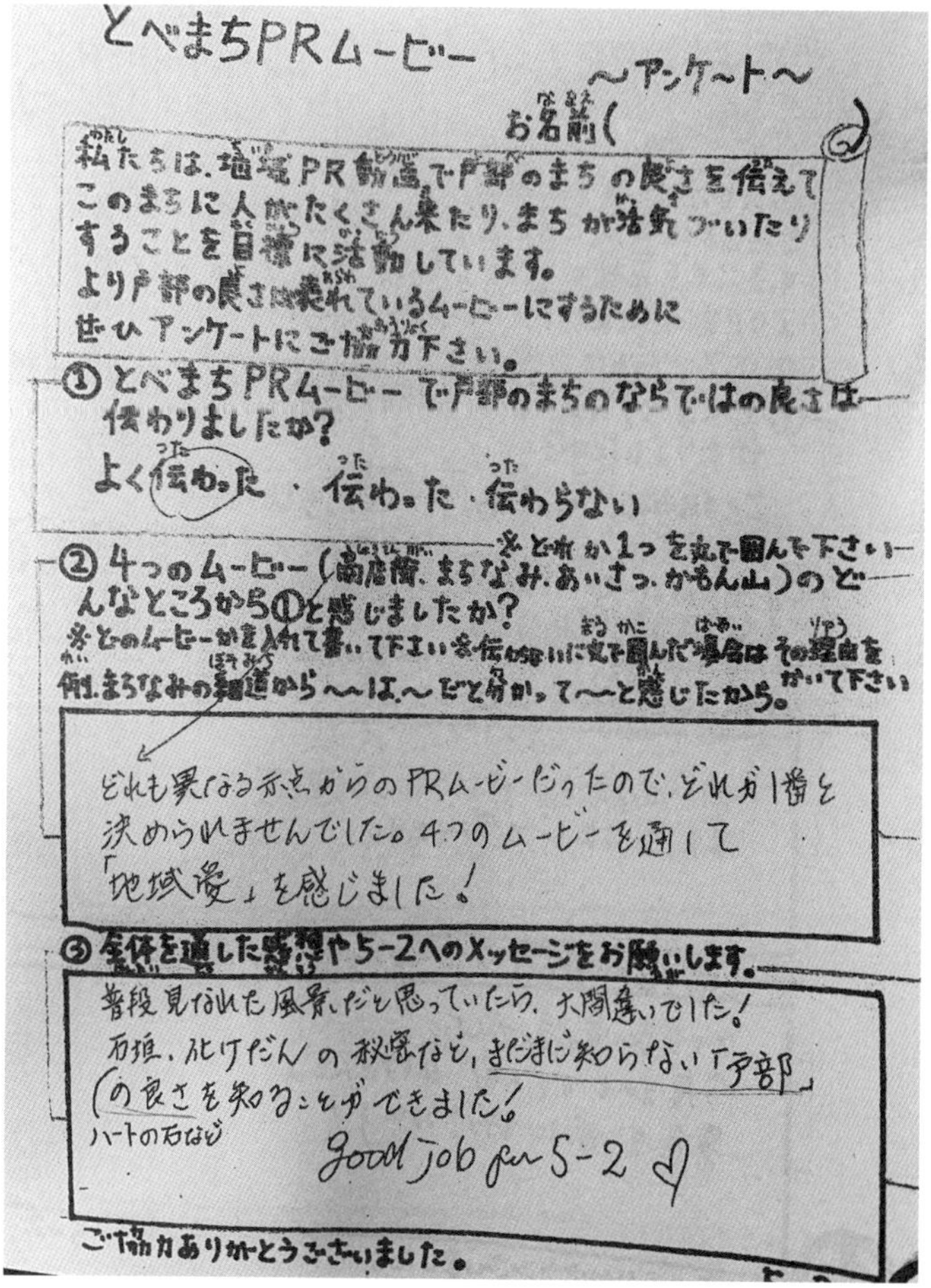
とべまちPRムービー
〜アンケート〜
お名前《なまえ》（
私《わたし》たちは、地域PR動画で戸部のまちの良さを伝えて
このまちに人がたくさん来たり、まちが活気づいたり
することを目標に活動《かつどう》しています。
より戸部の良さが表《あらわ》れているムービーにするために
ぜひアンケートにご協力《きょうりょく》下さい。
① とべまちPRムービーで戸部のまちのならではの良さは伝わりましたか？
よく伝《つた》わった ・ 伝《つた》わった ・ 伝《つた》わらない
※どれか1つを丸で囲んで下さい
② 4つのムービー（高島台、まちなみ、あいさつ、かもん山）のどんなところから①と感じましたか？
※どのムービーかを入れて書いて下さい　※伝わらないに丸を囲んだ場合《ばあい》は その理由《りゆう》をかいて下さい
例.まちなみの細道《ほそみち》から〜は、〜だと分かって〜と感じたから。
どれも異なる視点からのPRムービーだったので、どれが1番を決められませんでした。4つのムービーを通して「地域愛」を感じました！
③ 全体を通した感想や5-2へのメッセージをお願いします。
普段見なれた風景だと思っていたら、大間違いでした！
石垣、花だんの秘密など、まだまだ知らない「戸部」の良さを知ることができました！
ハートの石など
good job for 5-2 ♡
ご協力ありがとうございました。

写真20　地域PR動画「とべまちPRムービー」アンケート実物

写真21は、実際に子どもたちがアンケートを分析して、自分の判断を記述したものです。その内容には、次のような記述がありました。

> 三つ目は「戸部らしい」です。戸部のPR動画は、ならではを集めた動画だから、この「戸部らしい」は伝わったと思います。

この記述から、この子どもは「自分たちがこれまでまちの特徴だと信じ、それを視聴者に分かりやすく伝える動画を目指して作成して試行錯誤してきた結果、見てもらった人に戸部らしいと感じてもらえた。これこそが、自分たちの動画がしっかりと地域のよさを伝え切ったという証拠ではないか」と、思考していることが読み取れます。

ここで大切なのは、アンケートの記述をもとにして、自分たちの目的にどれほど近づくことができたのかを分析し、記述することであって、アンケートに書いてあることを書き写して、紹介することではありません。みんな同じデータを手にしているので、この後の話し合いでアンケートの文言をそのまま紹介することは必要ないことを子どもたちが学んできていることが分かります。

資料 「アンケートを読む極意」

～アンケートを読む極意《ごくい》～ 名前（　　　　　　　　　）

手順①まずは、アンケートを一通り読む

まずは、全部読む。**「とべならではのよさ」が伝わったと思う証拠**に線を引く。（なんでもかんでも引かないようにしよう。自分のチームにこだわらないことも大切）

特にこれは、伝わったと言えるでしょう、という記述にはふせんを入れよう。

また、**これは課題だな！　考えたいな！**　というものには、色を変えて線を引いておきましょう。

手順②伝わったと思った根拠にするアンケートは、ベストスリーまでにする

確かにたくさんあるけれど、線を引いた中から、これはまちの方々に戸部のムービーだと認めてもらえているでしょ！！　というものを絞ります。

手順③アンケートや当日の様子を**根拠**にして、自分の考えを書く

（1）「自分が実際にとべファンで見たり、聞いたりした経験から」

実際に当日、上映スタッフとしてお客さんに関わったみなさんが目にしたり、聞いたりしたことは、もしかすると自分1人の経験かもしれません。伝わった、伝わらなかったということに結び付く経験があれば、ぜひ紹介してください。

（2）「アンケートを読んだ経験から」

これは、読んでうれしかった。これは、「本当に伝わった（認めてもらえた）証拠だ！」というものを見つけ出して、それを根拠に自分の考えをまとめよう。反対に「伝わっていない」「課題」だと思ったものについても、自分の考えをまとめよう。

さらに、下部にある私の朱書きを見ていただくと子どもの判断に対して、思いに応えようとしていることが伝わるでしょうか。基本的に朱書きでは、一生懸命に考え抜いた子どもたちを讃え、励まし、勇気づけるコメントを目指しています。一人ひとりの記述に対し、教師自身の考えを朱書きでしっかりと伝え、紙面上でのコミュニケーションをとるように心がけています。また、子どもたちの思考をもとに、さらに深く考えてほしいことについて、問題提起をすることもあります。

こうして、自分の考えをしっかりとした根拠をもって練り上げることで、子どもたちは自信をもち、安心して授業での話し合いに臨むことができるようになります。きっと、たくさんの子どもたちが挙手をして自分の考えを伝えることができる秘訣はここにあるのだと私は考えています。この「**自分は考え抜いた上で今の判断をしているんだ**」という安心感は、ときに多くの仲間たちと自分の考えに違いがあった際に、それを「本音」として伝える勇気を引き出すことを可能にします。

併せて、教師にとっては全員の子どもたちの考えを話し合う前に読ませてもらっておくことで、一人ひとりがどんな考えをもって授業に臨んでいるのかを事前につかみ、できる限りではありますが、授業の流れや焦点化されていくであろう論点を予想することも可能

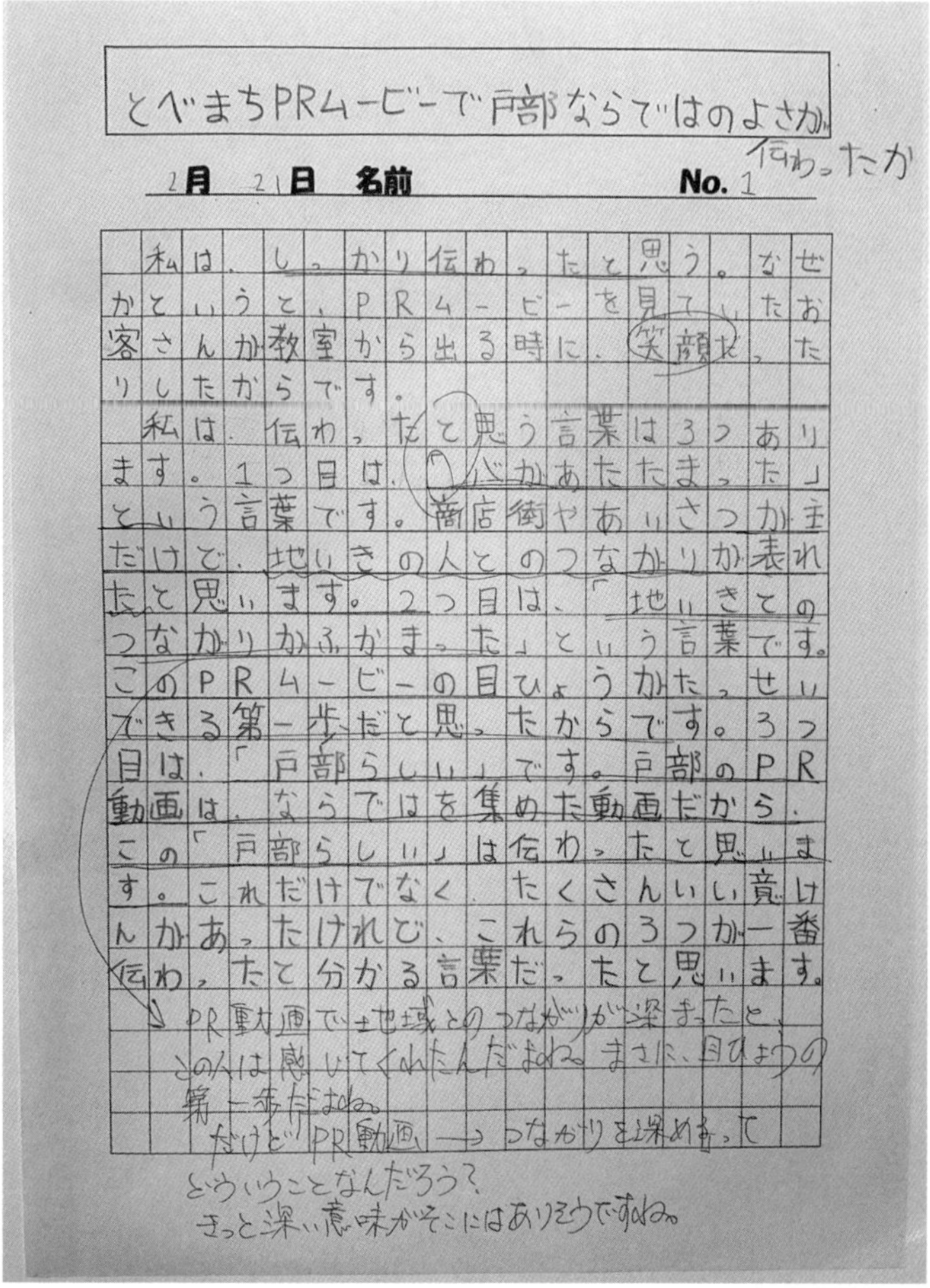
とべまちPRムービーで戸部ならではのよさが伝わったか

2月 21日 名前 No. 1

私は、しっかり伝わったと思う。なぜかというと、PRムービーを見ていたお客さんが教室から出る時に、笑顔だったりしたからです。

私は、伝わったと思う言葉は3つあります。1つ目は、「心があたたまった」という言葉です。商店街やあいさつが主だけで、地いきの人とのつながりが表れたと思います。2つ目は、「地いきとのつながりがふかまった」という言葉です。このPRムービーの目ひょうがたっせいできる第一歩だと思ったからです。3つ目は、「戸部らしい」です。戸部のPR動画は、ならではを集めた動画だから、この「戸部らしい」は伝わったと思います。これだけでなく、たくさんいい意けんがあったけれど、これらの3つが一番伝わったと分かる言葉だったと思います。

→PR動画で地域とのつながりが深まったと、この人は感じてくれたんだよね。まさに、目ひょうの第一歩だよね。
だけど、PR動画 → つながりを深めるって
どういうことなんだろう?
きっと深い意味がそこにはありそうですね。

写真21　学習シート1（アンケート分析後）

となります。

「情報の収集」で大切にしたいことは、

○できたかどうかを検証ができるレベルで課題を設定する（仮説を立てる）
○自分たちがつくり上げたプロダクトをストレートに体験してもらい、アンケートやインタビューの手法で感想をもらう
○アンケートやインタビューでは、できたかどうかの判断と理由をセットで尋ねて、記録として残す
○アンケートやインタビューの記述をもとにして、個人として判断をする。集めた複数のデータをもとに、判断した根拠をしっかりと文章化しておく
○教師は子どもたちの記述のすべてに目を通し、朱書きで子どもたちとコミュニケーションをとる

整理・分析

ここまで準備を整えて、いよいよ「整理・分析」の過程を迎えることとなります。第3章の冒頭でも述べているように、「整理・分析」での話し合いでは、次のような過程を経て、子どもたちと共に納得解を導き出すことを試みます。183ページで一度紹介した「整理・分析」の流れは、これまで私が担任してきた子どもたちとの授業において、納得解に至ることができた話し合いの流れの共通点を時間軸に沿ってまとめたものです。

1　個々がお互いの意見をもち寄り、安心して対等にアイディアを出し合う
2　話し合いが整理され、個々のアイディアの位置付けやお互いの立場が明らかになる
3　個々が本音を出し合い、分かり合える部分、分かり合えない部分を明らかにして、論点（考えの分岐点）を浮き彫りにする

4　焦点化された論点について、グループで議論を深める（お互いに納得できる可能性を探る）
5　全体で意見を共有し、個々が意見を表明した上で、全体での結論を出す（疑問や迷いを解決できないか、少数の意見を取り入れることはできないかを探る）

言うまでもなく、話し合いはライブで展開されるものなので、いつもこのとおりに進むはずはありません。ですが、自分と子どもたちで見つけ出してきたいくつかの成功への道筋をもっていることは悪いことではないと思います。いくつかの基本の道筋をもっていることは、他の場面に転用したり、それを応用したりすることを可能とするからです。

1　個々がお互いの意見をもち寄り、安心して対等にアイディアを出し合う

子ども　これから、とべまちPRムービーの授業を始めます。前回は、学習発表会のアンケートを分析しました。今回は、その分析から地域ならではのよさが伝わったのかを話し合います。

全　体　はい。

教　師　今日のゴールと話し合い方を考えてみてください。では、今日のゴールは？

子ども　えっと、伝わったか伝わっていないか結論を出す。

子ども　同じです。

教　師　話し合い方はどうでしょうか。

子ども　P（プラス）からM－（マイナス、改善点）の順番で話していく。

全　体　いいと思います。

教　師　それでは、伝わったか伝わっていないか教えてください。〇〇さんどうぞ。

子ども　ぼくは、よく伝わったと思います。なぜかというと、改めて探してみたいとか、ゆっくり見たいと書いてくれていたから、もっと知りたいと思ってもらえ

たかなと思いました。

子ども　あっ、そうなんだ〜。

子ども　付け足しです。私もしっかりと伝わったと思います。えっと、ＰＲムービーを見ていた人が、プロが作ったの、と言ってくれていたんですよ。そして、私のお母さんにも聞いてみたんですよ。そしたら、私のお母さんも銭湯で湯もみをしていることを知らなくって、このまちに住んでいる人に知らなかったことを伝えることができたんだと思います。

子ども　えっと、ぼくはよく伝わったと思います。なぜなら、すごい意見があったんです。（※アンケートの）７ページを見てください。その人の５年２組へのメッセージを見てください。一番最後のところに、「戸部のまちを明るく活気のあるまちにしていく一歩につながるんだと感じました」と書いてありました。ぼくは、この意見からぼくたちの目標はＰＲムービーで戸部のまちに活気を取り戻すことが目的だったので、よく伝わったと思いました。

子ども　なるほどね。

子ども　私もよく伝わったと思います。なぜかというと、戸部に住んでいてよかったと実感できたとか、生まれも育ちも戸部だけどやっぱり戸部はいいまちだと感じてもらっていて、何十年前から戸部に住んでいる人たちが知らないような戸部のよさを自分たちが動画で表せたから、しっかりと伝わったんだと思います。

子ども　えっと、アンケートの答えで「戸部ならではのよさが伝わりました」と書いてもらっていて、それはぼくたちが戸部にしかないものを取り上げて、動画に表すことができたからそういうふうに思ってもらえたんだと思います。

子ども　私も似ていて、伝わったと思います。それは、アンケートで「知らなかったことを知れた」と書いてくれている人が多かったからです。ってことは、戸部に住んでいる人が再発見になった、そして今度行ってみたいと思ってもらえたからです。

この後も、どんどん個人の意見が出されていきました。「PRムービーを見ていた人が、プロが作ったの、と言ってくれていた」「7ページを見てください。その人の5年2組へのメッセージを見てください」「アンケートで『知らなかったことを知れた』と書いてくれている人が多かった」というような子どもたちの発言から、データをしっかりと活用し、根拠をはっきりとさせて、自信をもって自分の考えを伝えることができていることが分かります。

また、私が一貫して発話数が少ないことも読み取ることができるかと思います。これは、子どもたちが自分たちで相互指名をしながら話し合いを進めているためです。一人が意見を話し終えると、同時に次の子どもが立場を伝えながら話をつないでいきます。話している相手に体を向け、お互いの話をよく聞き合っているからこそ、こうしたやりとりを続けることができています。併せて、子どもたちは一つひとつの発言に対して「あーっ」とか「そうなんだ」「なるほど」という相づちを打ちながら話し合いを進めていきます。それは、**大切な個人としてお互いを尊重し、一人ひとりの意見を大切にしている姿の表れ**と捉えることができます。

こうしたクラスにおける当たり前ともとれるやりとりも一朝一夕でつくり上げてきたわけではありません。例えば、

「私のお母さんにも聞いてみたんですよ。そしたら、私のお母さんも銭湯で湯もみをしていることを知らなくって、このまちに住んでいる人に知らなかったことを伝えることができたんだと思います」

という発言で、アンケートのみならず自分の家族の反応を今回の判断の根拠にもってきていることは、**この子特有の捉え方**と言えます。ずっと戸部に住んでいる家族の反応こそが一番の証拠だという考え方には、**いつも家族を大切に過ごしているこの子独自の思考の仕方**がよく表れています。

また別の子の「なぜなら、すごい意見があったんです」というように、**まずは自分の感動をみんなに伝える姿も、感情を豊かに表現できるという個性がよく表れている姿**だと言えます。

こうした一人ひとりの多様で多彩な表現を、クラスの子どもたちはとても温かい目で、相づちや笑いを織り交ぜながら、受け止めていきます。こうした発言の一つひとつは形式ばったテンプレートに沿って語られるものではなく、まさに自分が心からそう感じているんだという「本音」として表出されていると感じています。その日の授業の鍵となるような多数の考え方とは異なる少数派の「本音」の発言ではなくとも、実は一つひとつの発言に丁寧に目を向けてみると、**そのどれもが豊かな個性からあふれ出る「本音」**だと捉えることができます。日々のクラスにおける生活の中でお互いの個性を知り合い、目標を明確に共有しているからこそ、このようなやりとりが自然と為されていくのだと考えています。

「安心して対等にアイディアを出し合う」ために大切なことは、

○子どもたちが自分たちで相互指名をしながら、平等に話し合いを進める
○話している相手に体を向け、お互いの話をよく聞き合い、温かい反応を返す
○一人ひとりがお互いの個性をよく知り合い、独自の表現の仕方をその子の存在ごと受け入れる

2 話し合いが整理され、個々のアイディアの位置付けやお互いの立場が明らかになる

子ども えっと、ぼくはねらいよりも上をいったと思います。なぜかというと、ねらいは戸部のまちを知ってもらうということだったんですけど、まちが好きになったとか、まちを散歩してみたいとアンケートで書いてもらっていたからです。

教　師 すごいよね。ムービーを見て、まちを好きになってもらえるんだからね。で、進

んでもいいですか。プラスをみなさん出し切りましたが、みなさん、感覚としてどうですか。よく伝わった感覚ありますか。

〈子どもたち、板書をよく見渡した上で〉

子ども　はい。

子ども　同じ意見で、よく伝わったと思います。

子ども　うん。よく伝わっているよね。

教　師　じゃあ、マイナスとか改善ってあるの？

子ども　う～ん。

子ども　ちょっとあるかも。う～ん。

この授業の板書では、写真22（242・243ページ）のように、思考ツールのＰＭＩシートを用いて話し合いを整理していきました。誰が

どのように考えているのか、どちらの立場の意見が多いのかなど、授業の板書によって、話し合いの流れを可視化することができます。ただ情報を羅列してメモのように書いていくのではなく、対立関係、偏りの有無、達成状況など、子どもたちの授業における思考の手助けとなるように構造化した板書を目指しています。

この授業では、子どもたちがおおむね肯定的に自分たちの活動の成果を捉えていたために、板書上ではP（プラス・伝わった）という意見の枠がどんどんと埋まっていきました。板書のプラスの欄には、豊かなエピソードを伴った肯定的な意見があふれています。一通り話し終わった時点で、子どもたちと共に板書を俯瞰してみると、今日の自分たちの話し合いの流れでは、肯定的によく伝わったと感じている人が多いということが視覚的につかむことができました。授業の板書で表を用いた場合、あるマスはどんどんと埋まっていくのに、明らかに埋められていないマス（項目）の存在に気が付いた瞬間、あるいはその項目に意識が向いた際に、子どもたちの思考が揺り動かされていくことが多いようです。

「**あれ、もう一つのマス（項目）は？　本当に空っぽでいいのだろうか？**」という思考の流れを生み出します。そこで、まちのよさが十分に伝わっているという全体の認識を確認した上で、マイナスとか改善点はあるのかと尋ねてみることにしました。

「個々のアイディアの位置付けやお互いの立場が明らかになる」ために大切なことは、

○授業の板書を構造的に書くことで、対立関係、偏りの有無、達成状況等を視覚的に捉えることができるようにする
○思考ツールを板書に積極的に用いることで、「比較」「分類」「関連」等の思考の流れを可視化する

3 個々が本音を出し合い、分かり合える部分、分かり合えない部分を明らかにして、論点（考えの分岐点）を浮き彫りにする

子どもA　マイナスって言っていいか分からないけれど……。マイナスを、1個だけ見つけちゃいました。

教　師　えっ、それって何？　教えて。

子どもA　えっと、アンケートの一番最初のページにあるんですけど、「まち案内だけで活気につながるのか少し分かりませんでした」という意見がありました。やっぱり、少しの人には、活気につながるかどうかが伝わっていなかったのかもしれない。だから、誰が見ても活気につながることが分かるようにしないといけないと思います。

子ども　はいっ。付け足しです。えっと、ぼくも同じところで、まちのPR動画を見せるだけで、まちの活気につながるところが少し分かりませんでした、という意見が気になっています。その人には、伝わらなかったんだと思う。
子ども　えっ、でも伝わったというところに丸はしてあるよ。
子どもA　それは、ぼくたちが悲しまないようにしてくれたのかもしれない。
子ども　そんなの分かんないじゃん。
子どもA　それは、分かんないですけど。
教　師　遠慮があるってことなの？
子どもA　うん、遠慮があるかもしれない。ぼくには、改善点は分からない。このことについてどうしたらよいかみんなで考えましょう。
教　師　ちょっといい？　今、みんなの中でここについて考えを言える人いる？
〈挙手が2名の状態〉
教　師　じゃあ、少しじっくりとみんなで考える時間をとってみてもいいかな。

全　体　はい。

教　師　ちょっと、ここを全員で考えるために、「まち案内だけで活気につながるのか」という言葉について、みんなでイメージをはっきりさせよう。ここで言うまち案内って何を示しているのかな。

子ども　ＰＲ動画を指している。

教　師　じゃあ、活気ってどういうイメージなの？

子ども　地域に人がたくさんきて、笑顔とか、地域自体が元気になること。

子ども　同じです。盛り上がること。

子ども　明るいこと。

子ども　雰囲気がよくて、地域の関係がよいこと。

子ども　にぎやかなこと。

教　師　イメージは大丈夫？　はっきりしたかな。ということ

は、PRムービーを見せるだけで、こういう状況につながらないんじゃないかということなんだけれど。

子ども　はい。PR動画だから、PRはできてるはずなのに……。

子ども　そもそもに、PRムービーがダメってこと？？？

教　師　今のみんなの状況を聞かせてよ。力強く、つながりますって言えそうな人？

〈挙手が４名〉

教　師　つながらないって人？

〈挙手が０名〉

複数名　それはない。それはない。

子ども　つなげるためにやってきたんだから。

子ども　つなげるためにぼくたちは頑張ってきたんだ。

教　師　ごめん。ごめん。そうだよな。つなげるためにやってきたんだから。だけど、それを言葉にするのが難しいってこと？

複数名　そうそう。

子ども　理由が分からない。

教　師　じゃあ、ちょっと相談する時間をとってもいいですか。最後、「迷う」も含めて結論まで出してもらっていい。

この場面では、Ａさんの、

「**マイナスって言っていいか分からないけれど……**」

「**マイナスを、１個だけ見つけちゃいました**」

という本音を起点として、話し合いが動き出しました。

最初は、遠慮がちだったのですが、同じように感じている仲間が数人いたことをつかみ、徐々に勇気をもって詳細について話し始めました。

「えっと、アンケートの一番最初のページにあるんですけど、『まち案内だけで活気につながるのか少し分かりませんでした』という意見がありました。やっぱり、少しの人には活気につながるかどうかが伝わっていなかったのかもしれない。だから、誰が見ても活気につながることが分かるようにしないといけないと思います」

この発言をきっかけに、クラス全体に「あれ、私たちの動画ってしっかりと伝わっていたんじゃないの？」と考えが揺さぶられ始めました。次に、**お互いの捉え方（分かり合える部分と分かり合えない部分）の違い**が本音の対話で明確になっていきます。


「えっ、でも伝わったというところに丸はしてあるよ」

「それは、ぼくたちが悲しまないようにしてくれたのかもしれない」

「そんなの分かんないじゃん」

「それは、分かんないですけど」

「遠慮があるってことなの？」

「うん、遠慮があるかもしれない。ぼくには、改善点は分からない。このことについてどうしたらよいかみんなで考えましょう」


アンケートに書かれていた「まち案内だけで活気につながるのか少し分かりませんでし

た」という記述への解釈をもとに、お互いの価値観をやりとりしています。どんな気持ちでこのアンケートを書いたのか、想像を巡らせていくわけですが、その人が本当のところどんな気持ちで書いているのかは分かりません。さらには、このきっかけとなる本音を伝えてくれた本人も改善点をどうしていいのか、まだ考え付いていません。だから、みんなで考えましょう、と全体に投げかけています。

この場面で、Aさんの考えを取り上げ、全体化したことは、決して偶然ではありませんでした。子どもたちが情報を収集して、個々の判断を書いた際に私はそれを事前に読むことによって、一人ひとりのそのときの判断とその根拠を知ることができていました。このAさんの本音と言える疑問を全体と話し合うことによって、自分たちの活動の意味を捉え直したり、新たな視点からの価値付けをしたりすることができるだろうという授業のイメージをあらかじめもっていました。

併せて、このAさんは、板書によって意見の偏りが可視化されることによって、全体の流れとは異なったとしてもしっかりと自分の考えを本音として伝えることができる子だということも、個性としてつかんでいました。もちろん子どもたちのための話し合いではありますが、共に問題を解決し、その話し合いをファシリテートしていく役割を担う教師には、子どもたちにたどり着いてほしいゴール（本時目標）をもつことも求められます。その日の子どもたちの話し合いの方向性が全く違う場合は、潔くそのゴールの修正を図りますが、この場面では、子どもたちの思考と私の授業のイメージが重なり、論点を浮き彫りにすることができたと言えます。

この後、子どもたちがこれから話し合っていくべき論点をはっきりとさせるために、この場面で使われている言葉を整理しようと子どもたちに問いかけました。「まち案内」とは何のことを示しているのか、「活気」とはどういうイメージなのか。これらをはっきりとさせた上で、「地域ＰＲ動画を見るということは、地域が活性化すること（人が来る・明るくなる・雰囲気がよくなる）につながるのか」いう論点を浮き彫りにしました。

さらに、この論点をより際立たせるために、「つながる」「つながらない」という立場を選択し、個々の現在の考え方を挙手で表明してもらいました。すると、自信をもって「つながる」と挙手をした子は４名、「つながらない」と考えた子は０名、それ以外の子どもたちはまだ考えを上手く言語化することができないようでした。各々の考え方を表明することで、**どこで、それぞれの考え方の違いが生まれているのかの分岐点**が明らかになっていきます。

こうした過程を経て、今度は少人数グループでの話し合いに入っていきました。

「個々が本音を出し合い、分かり合える部分、分かり合えない部分を明らかにして、論点（考えの分岐点）を浮き彫りにする」ために大切なことは、

○教師は個々が判断を書いたものを事前に読み、全員のそのときの判断とその根拠をつかむ

○本時目標と照らし合わせ、その目標に近づくことができる考え方をもっている子どもを見つけ出す（多くの子どもはまだ気付けていないが、全体が新たな気付きに至るためのきっかけとなる考え方・疑問をもっている子ども）

○つぶやき・疑問を取り上げ、全体化する

＊自ら挙手をして伝えることができない場合は、意図的に指名する場合もある

○子どもたちの考え方の分岐点を全員が理解できる言葉で整理する

○立場を示すことができるレベルで論点を明確にする

4　焦点化された論点について、グループで議論を深める（お互いに納得できる可能性を探る）

【ある少人数グループでの話し合い】

子ども　じゃあ、一人ずつ自分の考えを言っていこうよ。
子ども　私は迷ってるんだよね。
子ども　ぼくも、まだ迷ってる。
子ども　でも、なんにもないなんてことはない。つながってないことなんか絶対ないと思うんだよなぁ。
子ども　多分、この人には伝わっていないのかな。他の人には伝わっているんだよね。
子ども　うん。でもさ、見てもらって、いいなとは思ってもらえたんだよね。
子ども　いいなとは。確実に思ってもらえたことは確かなんだよな。
子ども　そうそう。いいなとは思ってもらっている。
子ども　さらに、自分の目で確かめたいって人もいたんだよね。それで、来てもらえる。そうして、人が集まってくるよね。

子ども　そうやって集まって、まちが明るくなるんだ。
子ども　でも、ぼくは「まち案内だけで」の「だけで」が気になる、何かアクションがいるのかな。
子ども　なんか、一押しがいるのかな。
子ども　あっ、ぼくは分かった気がする。動画の最後に、自分たちのまちに来てくださいってメッセージを入れるといいんじゃない。
子ども　そういえば、それが入っているチームの動画もあったよ。
子ども　このアイディアをみんなにちょっと伝えてみようよ。

このグループの話し合いでは、まず、**迷っているというそれぞれの立場をお互いに理解し合う**ところから話し

合いがスタートしました。次に、自分たちの動画を見て実際に行動を起こそうとしている人がいること、そこから自分たちの地域ＰＲ動画の価値が十分にあったことを確認し合っていることが伝わってきます。

そんな中、「だけで」という言葉が気になるという問題提起が為され、その問題に対するアイディアを求める話し合いへと進んでいきます。このグループの子どもたちは、自分たちが動画でまちを紹介することによって生まれた「いいな」という思いをなんとかして、行動に結び付けることができないかと思案した結果、「来てください」というメッセージを動画に入れるというアイディアにたどり着きました。ここで紹介している３人組は、「迷っている」という同様な立場だったために、「つながっている、つながっていない」というような立場の違いから、お互いに納得できるポイントを探し出すような話し合いにはなりませんでした。むしろ、３人で力を合わせ、現状ある材料を活用して、今そこにある問題を納得できる方法で解決できないかと考えを巡らせた結果、貴重なアイディアを導き出す結果に至ったのです。

こうした少人数での話し合いでは、それぞれの発言の回数が平等になるように、子どもたちはお互いの話を聞きながら、誰かに偏ることなく話し合いを進めていきます。この場面は2月なので、司会の役割を果たす子が「自分の考えを言っていこうよ」と投げかけるだけで、それぞれが話を上手につないでいきますが、この自然な状態に至るまでには、司会の担当者が都度、「～さんどうぞ」というようにグループのメンバーを指名する話し合いを何度も経ています。また、悩んでいるという立場も含めて、一定の結論を時間内で出し、発表者がそれを報告するという話し合いを積み重ねてきているので、子どもたちは自然と話し合いの中で自分たちなりの解決策を見つけ出そうとしています。併せて、話し合いの過程や結果をホワイトボードに自分たちで記録していくことの利点を子どもたちがこれまで味わってきているので、話し合いの流れを記録の担当が中心となって残し、全体での共有の場面においてもそれをもとに発表することができています。

「焦点化された論点について、グループで議論を深める」ために大切なことは、

○司会者が中心となり、発言が自由で平等にできるように進行していく
○全員が、自分の立場をしっかりと伝える。疑問や納得できないところも伝える

○意見のやりとりをホワイトボードで記録する（必要があれば思考ツールを用いる）
○構成するメンバーが納得できる解決策を一定の時間で見つけ出す
＊その結果、**見つからなくてもよい**。どんな議論をしたのかを伝えればＯＫ

5 全体で意見を共有し、個々が意見を表明した上で、全体での結論を出す

【クラス全体での話し合い】

教　師　では、そろそろ時間です。迷っている場合は、その立場を聞かせてください。

子ども　まずは、ぼくはつながると思います。なぜなら、ＰＲ動画でまちのよいところを伝えているからです。「まち案内だけで」と書いてあるので、ぼくはもう一押しが必要で、ぜひ戸部に来てくださいとメッセージを入れたらいいと思うんです。だって、すごいんですよ。人数を見てください。「よく伝わった」が２４４で、「伝わった」が12、「伝わっていない」はいません。もしも、この一人がよく伝わっていないに移ったとしても、伝わっている人が２５５で伝わっていない人は１です。なので、ぼくは活気につ

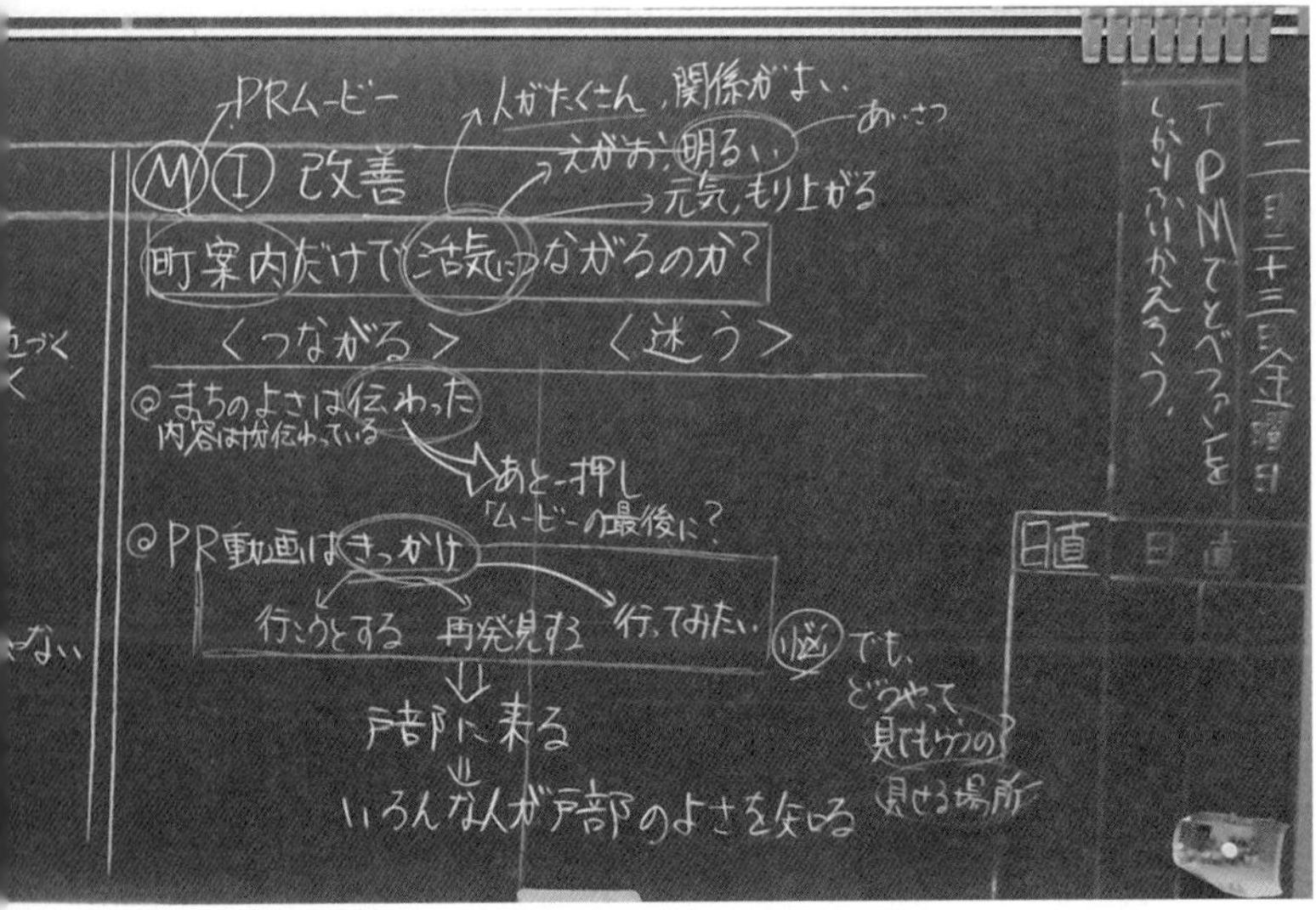

ながると思います。

子ども　迷っているんですけど、その人だけが思っていることかもしれなくて、他の人は伝わっていると答えてくれていて、そこが分かんない。

子ども　付け足しです。ぼくも迷うんだけど、それぞれの動画で伝えたいことは、伝わったんだけど、最大目標が伝わっていないのかもしれない。

教　師　最大目標？　もう少し言葉にして。

子ども　えっと、最初に決めた目標がPRムービーを見てもらった人がまちに来たりして、戸部が活気づいてもらいたいという目標だったから、迷うんですけど、伝わっているんだよな。

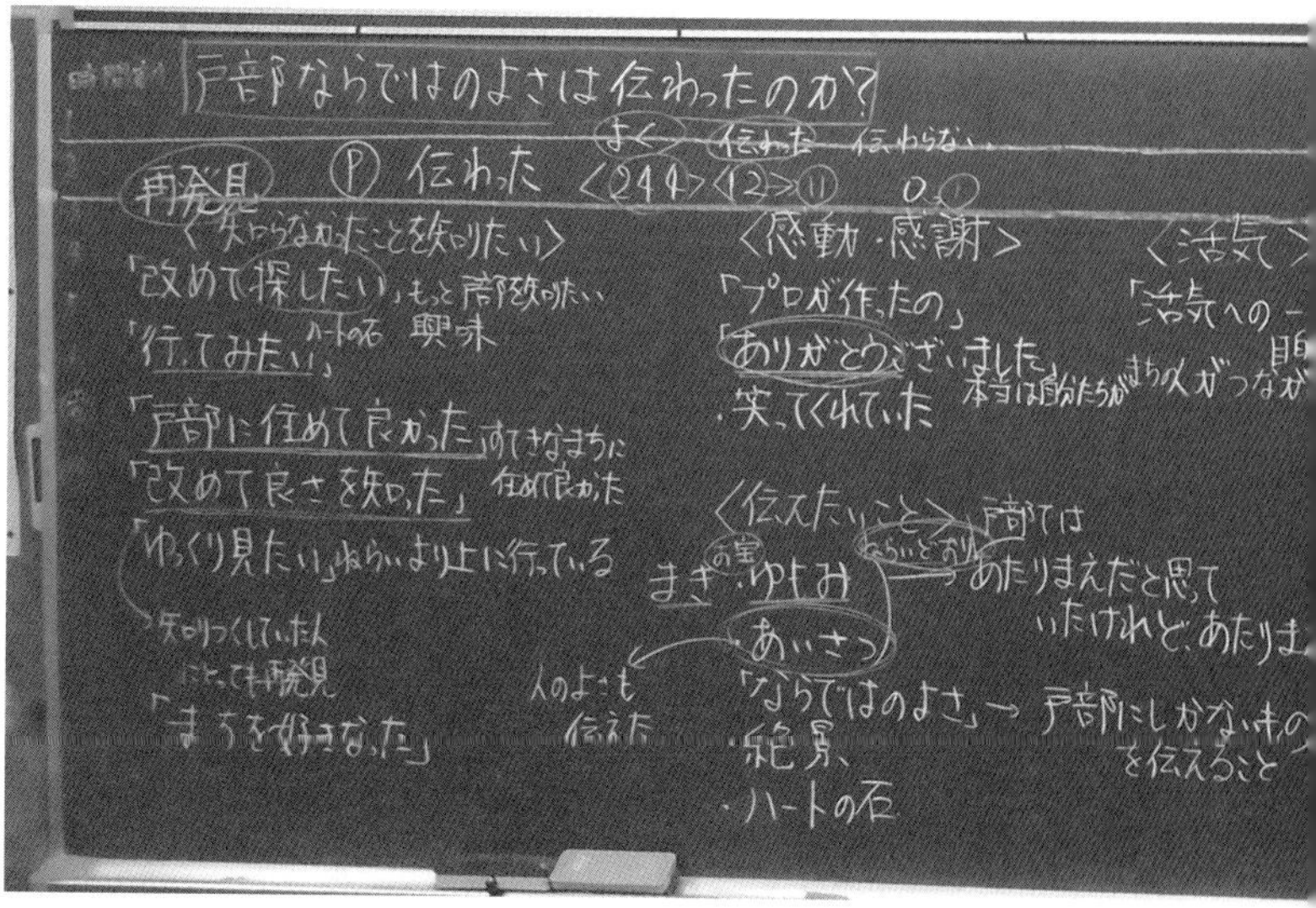

写真22　板書「とべまちPRムービー」で戸部ならではのよさは伝わったのか？

子ども　私も迷っているんですけれど、255人に伝わっていて、伝わらない人が一人いて、本当に来てくれるのかが心配。でも、私は、一人だからって流すのも違うと思う。

子ども　でも、境界線くらいまではきている。

子ども　ぼくたちはつながると思っている。なんで動画を作ってきたのかというと、他のまちの人に来てもらいたいから作ってきて、人が多い＝活気、だから……。

子ども　人がたくさん＝活気、ですよね。他のまちの人にPR動画を見てもらい、それがきっかけとなっていいなと思ってもらって、実際にまちに来ることで、活気につながると思うんです。

教　師　PR動画はきっかけなんだ。かっこいい言葉もってきたね。

子ども　ええと、ディレクターさんからの最新版のお手紙で、十分に地域を「活性化」することにつながるって言ってくれているんです。

教　師　もう少し詳しく教えてもらってもいいかな。

子ども　まちの人たちが自分たちのまちのよさを再発見して、素直にその場所に行こうとしたり、会ったことがない人に会おうとすること自体が活性化につながると言ってくれているんです。

子ども　付け足しです。私は、つながると思っていて、PR動画を見てもらって、まちを知らない人が見てくれて、行ってみたいなという感情になって、直接見たり、体験したい人たちが戸部に来て、活気づいて、い

ろんな人に戸部のよいところを知ってもらえるから。ＰＲ動画を見せることがきっかけになるんです。だけど、迷っていることもあって、このムービーはまちの人には見てもらったけれど、戸部に住んでいない外の人たちがどうやって学校のホームページにのっているのかを知ることができるかというのが、迷いです。

教　師　○○さんは、つながるって話をしてくれたんだけど、納得できる？

子ども　うん。

教　師　みんな、ちょっと明るくなってきた？

子ども　うん。いいと思います。

子ども　ちょっと違うんだけれど、さっきの人数の話で、「伝わった」という人が11人だったんだけれど、この人たちも本当に戸部のまちに来てくれたら、絶対「よく伝わった」になると思うんですよ。それで、もともと２４４人は「よく伝わった」としているので、内容はよく伝わったはずなんです。

子ども　○○さんに付け足して、ムービーがきっかけで行ってみたいと思ってくれるけれど、実際に来てくれるかは分からないから、実際に見せる場所を変えたり、区とか市に広めたりすればいいと思う。

子ども　でも、私は迷っていて、まちをＰＲしたいのに、まち案内になっているというところがまだちょっと気になっている。

教　師　では、ちょっとここで時間がきてしまったので……。

子ども　えーっ。

教　師　振り返り、今の自分の考えを書いてください。特に、「つながるのか」というところで。

ここでの共有の場面は、グループでの発表という形は取らずに、少人数グループでの話し合いを終え、**個人として自分がどう考えているのかを話し合う**流れとなりました。「でも、境界線くらいまではきている」という言葉に象徴的に表れていますが、量的にデータを分析すると手応えは十分にあるんだけれど、本当にまちに来てくれるところまで結び付くのか、と言われるとそこまでは言い切れない。子どもによっては、「いろんな人に戸部のよいところを知ってもらえるから。ＰＲ動画を見せることがきっかけになるんです」と考え始める子どもも出てきてはいます。さらに「実際に来てくれるかは分からないから、

実際に見せる場所を変えたり、区とか市に広めたりすればいいと思う」というように、自分たちの動画がきっかけとなるのならば、今度は自分たちのまちに住む人ではなく、外の人たちに見てもらうというアクションを起こそうと考え始める子どもも出てきました。

しかし、**「でも、私は迷っていて、まちをPRしたいのに、まち案内になっているというところがまだちょっと気になっている」**という本音の発言が象徴するように、まだ、**モヤモヤとしたものが残っている**子どもがいることが、表情から見て取ることができました。

ここで、時間がきたので、今の自分の考えを振り返りに書いて一旦終わりとしました。

このように、一度の話し合いでは、全体での結論までたどり着かない場合もあります。そういうときには、**焦らずに、まずは、話し合いを終えた自分の考えを書いてもらう**ようにしてきました。写真23がそのときに書かれた二人の子どもの振り返りです。やはり、まだ子どもたちにとって、PR動画が活性化に結び付くと、考えることができていないことがよく分かります。自分たちが作り上げてきたものは紛れもない本物であること、でも直接人がたくさんあふれるというような活性化につながるかどうかは分からないこと、よく考えているからこそ、簡単には「つなげる」とすることができない子どもたちの葛藤があることが分かります。

「全体で意見を共有し、個々が意見を表明した上で、全体での決定を行う」ために大切なことは、

○全体で共有する方法を選択する（A　グループの考えとして伝える方法、B　個人の考えとして伝える方法、C　ワールド・カフェ的な方法）
○個人または、グループとしての結論を語る
＊できることならば、Bの方法で、グループでの話し合いを経て今の自分が個人としてどう考えているのかを語れるようにしていきたいと考えています。そうすることで、グループからの報告に比べ、明らかに本音を子どもたちが語るチャンスが創出され、議論が深まる可能性を高めることができます。
○納得する解決策となったのか確認する

この事例では、まだ納得する解にたどり着くことができていないことが分かったため、次の時間に改めて個人で、自分の考えをまとめる時間をとることにしました。

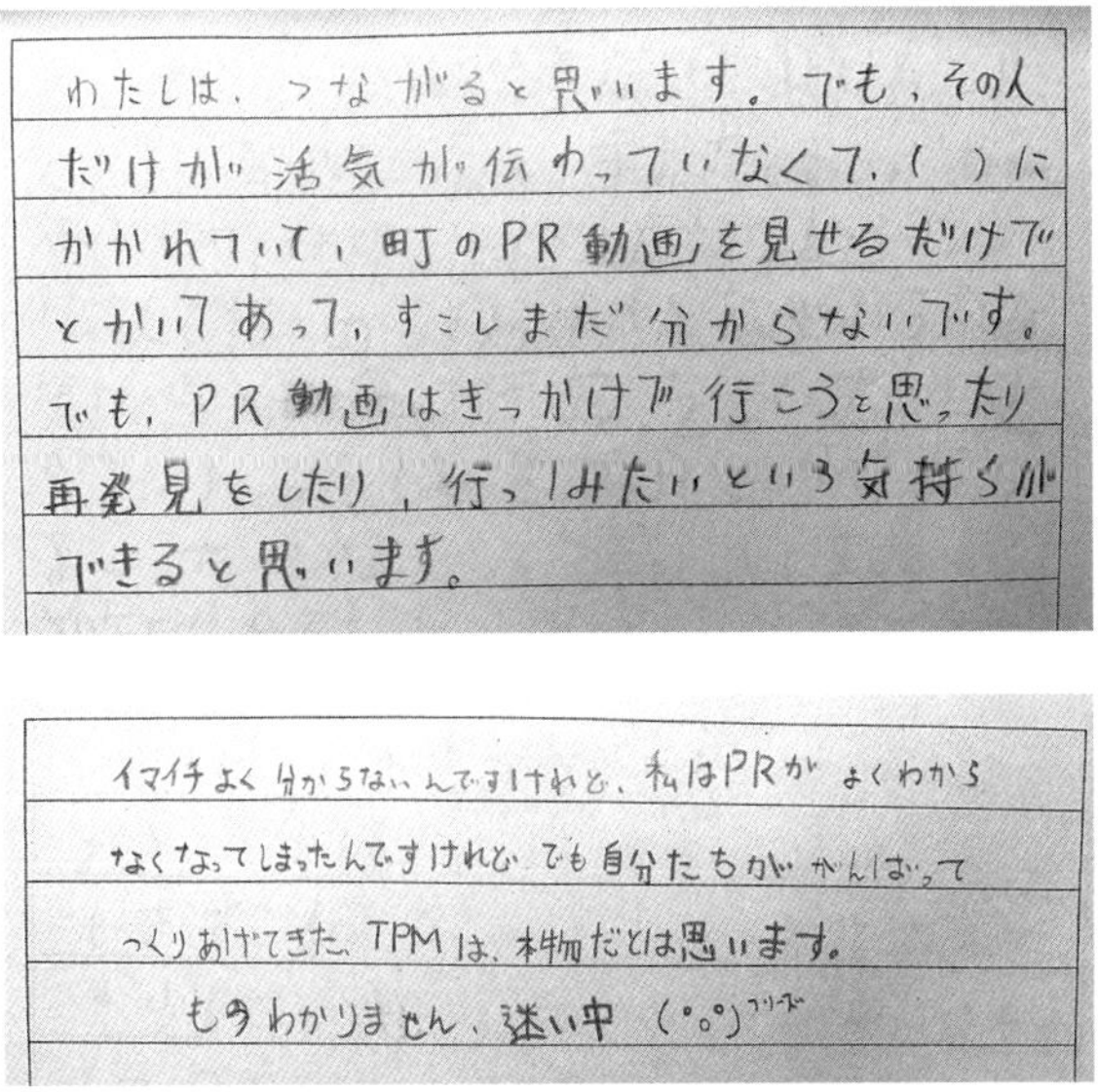
わたしは、つながると思います。でも、その人だけが活気が伝わっていなくて、（ ）にかかれていて、町のPR動画を見せるだけでとかいてあって、すこしまだ分からないです。でも、PR動画はきっかけで行こうと思ったり再発見をしたり、行ってみたいという気持ちができると思います。

イマイチよく分からないんですけれど、私はPRがよくわからなくなってしまったんですけれど、でも自分たちががんばってつくりあげてきたTPMは、本物だとは思います。もうわかりません、迷い中（°o°）フリーズ

写真23 「戸部ならではのよさは伝わったのか？」1回目の話し合い後の振り返り（2名分）

自分たちが作ってきた地域PR動画の価値は実感していることが分かる。しかし、それ自体がまちの活気に直接結び付くのかということについて、説明することの難しさを感じていることが読み取れる。

疑問や迷いを解決できないか、少数の意見を取り入れることはできないかを探る

さて翌日。次の時間です。

前回の話し合いは、45分では終わりませんでした。「きっとつながっているはずなんだけど、上手く言葉にできない」。このような状態をなんとか打破できないものかと、子どもたちとこれまでの総合で蓄積してきたファイルを見直してみました。すると、前の授業で一人の女の子が根拠として紹介していた一つの手紙が見つかりました。それは、動画作成をする際にたくさんお世話になってきた映像ディレクターの方からいただいた手紙です。その中には、次のようなメッセージが書かれていました。

今回は、みなさんの作った動画が、地域の人にとって再発見になり「このまちが好き」「行ってみようかな」と思うことにつながったか？　または、戸部を知らない人が見て「戸部のまちをもっと知りたい」と思ってくれたか？　そんなふうに思ってもらえたら、もう十分にPR動画の役割を、果たすことができたと考えられると思います。

まちの人たちが自分たちのまちのよさを再発見して、普段は気にしていなかったところに行こうとしたり、会ったことのない人に会おうとしたりすることも、十分に地域を活性化することにつながると考えていいと思います。戸部を知らない人に対しては、PR動画を見てもらうきっかけや方法を考えられるとよいですね。

以前にもらったこの手紙が、次の段階に進むきっかけとなろうとしていました。じっくりとこの手紙に向き合う時間をとった後、子どもたちに特に気になった部分を尋ねてみました。すると、もう十分にPR動画の役割を果たすことができた、まちの人たちが自分たちのまちのよさを再発見することが活性化することにつながる、という記述が、話し合いを積み重ねてきた子どもたちの心に残ったようです。

ここで重要なのは、改めてこれまでの自分たちのファイルを振り返り、活動に役立つ情報はないかどうかを見直したところにあります。何もせずに、ただ同じ話し合いを繰り返しては、前回と同じ結果になってしまうことでしょう。しかし、映像ディレクターさんからの手紙は、子どもたちがまちの活性化という概念を広げていくための種を与えてくれていました。このときは、過去に手に入れていた情報を新たに見直し、解釈することで、子どもたちは前回の話し合いから、別の視点をもって話し合いに臨むことができるようになりました。さらに、私から話し合いをする前に、改めて次の二つのことについて考えをまとめてみようという提案をしてみました。

1　総合の目標を見直す（やるべきこととできたこととの確認）
2　戸部のまちで生まれる活気につながっていないのかを判断する

座席が近くの仲間と相談しながら、個人の考えをまとめていきました。写真24のように「活気」という言葉の捉え方が変わった子どもが現れ始めました。そして、全員が考えをまとめ終わり、さらに2日後、いよいよ「活気につながるのかどうか」について話し合うことになりました。

1　総合の目標を見直す（やるべきこととできたこととの確認）

教　師　よし、では、今日のゴールを教えてください。

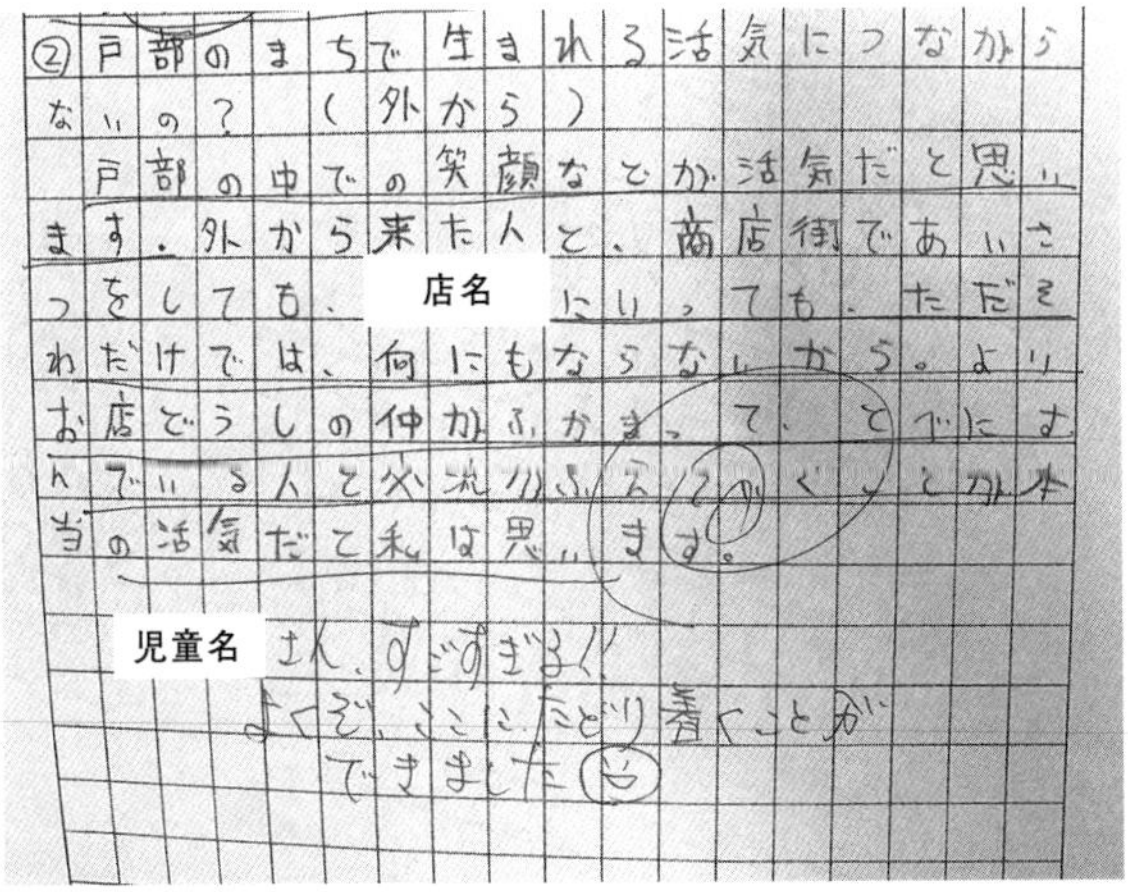

写真24　提案2「戸部のまちで生まれる活気につながっていないのか」に対するある子の考え

この学習シートは、「つながるかどうか」を話し合う前に個人で考えをまとめたものである。この子は、もともとの活気は「外から人がやって来ることだ」という捉えから、「そもそも住んでいる人たちの交流が増えていくことではないか」というように、活気に対する別の視点で捉え始めていることが読み取れる。

子ども　地域ＰＲ動画が活気につながるかどうかの結論を出す。

子ども　いいと思います。

子ども　話し合い方もいいですか。自分が活気につながるのかつながらないのか、考えを出し合います。

子ども　てきぱきと話してみんなが話して誰も悔いが残らないようにしたいです。

教　師　私からもちょっと、付け足していい。みんながせっかく書いてくれている総合の目標について話してから、この「つながるかどうか」を話してもいい？

子ども　はい。大丈夫です。

教　師　みんなで話していってもらって、もうつながるかどうか話したいな、話してもいいな、と思ったら教えてください。

子ども　ということは、ＰＲムービーがやるべきこと、できたことからってことですか。

教　師　そうそう、そこからお願いします。

子ども　はい。大丈夫です。

教　師　では、準備できた人からいこうか。

子ども　はい。来てもらうことだけが、活気ではないと思ってきていて、まず私たちのムービーが達成できたことは、まちのよさを知ってもらうことだと思います。

子ども　続きで、まちのよさを知ってもらうというのは、学習発表会でのまちの一部にしか伝わっていないから、もっとたくさんの他の人にも見てもらったらいいと思います。

子ども　ＰＲムービーは、きっかけだから、直接行くんじゃなくて、「あぁこんなところなんだ」を知ってもらうことでつながるんですよ。だから、やっぱり、きっかけ。

子ども　付け足しです。とべまちＰＲムービーは、戸部のまちのよいところをいろんな人に見てもらって知ってもらうことが、もともとの目的です。

子ども　付け足しです。そもそも、ＰＲムービーの目標は戸部のまちのよいところを伝えることが目的なので、よいところはもう伝えられていると思うので、たとえ戸部のまちの人でも戸部のまちの外の人でも、よさを伝えることが活動だと思っています。

子ども　今、前の人に付け足しで、ＰＲムービーはそれだけで、まちに住んでない人を集めるんじゃなくて、それを見た人が自分で行ってみようとか、見てみようというきっかけになるものだと思っています。

教　師　なるほど。

子ども　えっと。みんなとは違うかもしれないけれど。もともと戸部に住んでいる人が笑

顔になることもムービーのよさだと思う。

子ども　今の戸部は人がいなくなって、活気がなくなってしまっているから、ムービーをきっかけにして、活気を増やしていくというか、取り戻して、戸部の多くの人たちの役に立つということが目標だったはず。

子ども　やれたことでもいいですか。

教　師　もちろんどうぞ。

子ども　やれたことは、ＰＲムービーを見てもらって、興味をもってもらえたこと。これはできたことだと思います。だから、ぼくは活気につながったのだと思います。

子どもたちの発言から、そもそもの地域ＰＲ動画の目標が、「戸部の多くの人たちの役に立つということ」「Ｐ

Rムービーの目標は戸部のまちのよいところを伝えること」であって、人をまちに呼び込むこととは、はっきりと区別できていることが伝わってきます。

さらには、自分たちが作ったPR動画が果たした役割として、「PRムービーは、きっかけだから、直接行くんじゃなくて、『あぁこんなところなんだ』を知ってもらうこと」「PRムービーはそれだけで、まちに住んでない人を集めるんじゃなくて、それを見た人が自分で行ってみようとか、見てみようというきっかけになるもの」という、きっかけとしての地域PR動画という役割も理解するところまでたどり着くことができているようでした。

あえて、この時間の冒頭に私は話し合いの方法を決める場面で、「1　総合の目標を見直す（やるべきこととできたことの確認）」から話し合いをスタートするように子どもたちに提案しました。

それは、地域PR動画がもつ役割と限界性を共通理解するとともに、自分たちが成し遂げたことをはっきりとさせてほしいという願いがあったからです。**地域PR動画でできることとできないことを整理した上で、「活気につながる・つながらない」という話し合いを行うことによって、新たな見解を生み出すことができる**と考えたからです。

そして、いよいよ話し合いは本題に入っていきます。

2　戸部のまちで生まれる活気につながっていないのか？

教　師　そろそろ、こっち（※活気につながるかの話）に入れそうかな。

子ども　先生。先生。きっかけは、本当にきっかけだけであるかもしれないけれど、今年のアンケートは250以上で、それだけの人に見てもらった、3桁の人にそのよさが伝わったんだから、PRムービー自体はいいと思うんです。

教　師　みんな伝わる？　あれだけの人に見てもらって、PRムービー自体は十分成果を出しているってことなんだね。

子ども　はい。うんうん。

子ども　そうだと思う。

子ども　納得できる。

子ども　いいですか。本当に今やるべきことは、まさにまち案内が活気につながるかどうかなんですけれど、クラスを船に例えると、今まで順調に、波も穏やかでここまで進んできたじゃないですか。でも、これが壁だとすると、進めなくなっちゃうじゃないですか。だから、これを解決しないと先に進めないと思うんです。波が荒れてきていると思うんです。なので、今ここを話し合う必要があると思います。

教　師　ということは、活気のお話に入っても大丈夫ってことだよね。

子ども　いいです。

教　師　じゃあ、改めて活気につながるかどうかを話し合っていこうか。

子ども　ぼくは、活気につながっていると思えるようになってきました。なぜかというと、ムービーがきっかけで笑顔になった人がいました。外から人を呼ぶんじゃなくて、もともといる人が、このムービーを見て笑顔になって、あぁ戸部っていいところだなと、改めて知って笑顔になることで、盛り上がることが活気につながるんだと思っています。

子ども　付け足しで、外から戸部に住んでいない人たちが来てにぎやかになることよりは、戸部にもともと住んでいる人たちがムービーを見て改めてよいところを知ったりとか、再発見することで、初めて知ったりして、それを見つけたりして、戸部のまちの人たちが笑顔になったり、仲よくなることがもっと活気につながることだと思います。

子ども　私も付け足しで、活気につながることは、外から人を呼ぶことだけではなくて、まちに住んでいる人たちが、多分、楽しめることだと思うんですよ。えっと、アンケートでも書かれていたんだけれど、このまちが好きになったとか、住んでいてよかったとか書かれていて、そう思ってもらえることが大切だと思うんですよ。多分、私たちの総合って活気につながってほしいだけじゃないと思うんですよ。

教　師　おーっ。

子ども　笑顔にあふれてほしくって、しかも活気じゃなくても、まあ私は外から人が来なくても、私はこのまちが笑顔があふれるまちになったらそれで、この総合の役目は果たされたと思います。

子ども　ぼくは結論としてつながると思います。なぜなら、大きな目標。総合の大きな目標を決めたんですけど、そこで、本当に役に立つことがしたいとか笑顔にあふれてほしいとか、元気に、とかを目標にしてきて、アンケートにはそういう意見がたくさん書かれていました。前回のアンケートを見てみると、戸部のまちを明るくして、活気のあるまちにしていく一歩につながるんだと感じました、と書いてあるのです。これは結論として活気につながった証拠だと思います。さらに、たとえ戸部に住んでいる人でも住んでいない人でも、えっと、この戸部が明るく元気になるとか、改めて行ってみようと思ってもらえたことで活気につながったと思います。

この場面の冒頭の

本当に今やるべきことは、まさにまち案内が活気につながるかどうかなんですけれど、クラスを船に例えると、今まで順調に、波も穏やかでここまで進んできたじゃないですか。でも、～

という発言は、改めて今、自分たちが解決すべき課題をみんなと共有したくてその思いがあふれ出たものだと思います。この子の「課題をなんとかしたい」という本気の

思いが、私にも子どもたちにも、伝わってきました。

さらに、子どもたちは自分たちで話を展開していきながら、「**活気とは、決して人を呼び込むことだけではなく、もともと住む人たちが改めてこのまちが好きになったり、仲よくなったり、まちで楽しんだりして、笑顔があふれること**」も一つの姿だと、新たな捉え方を対話の過程で広げていきました。しかし、ここでさらに「本音」が出てくることによって、話し合いがまた新たな局面へと向かっていくことになります。

子どもA　はい。みんなの考えとは違うかもしれないけれど、若い人がもっと増えて、商店街が人だらけになることが活気だと思っています。

教　師　ちょっと逆の話だよね。続けてもらっていい。

子ども　聞いてみたい。

子どもA　みんなはなんか、もともと住んでいる人たちが再発見すること、これを大切にしていて、私もそれも大事だし、第一だと思うんですけど、でも、外からたくさん人が入ってくることも戸部のまちの活気だと思うんです。

子ども あーっ。
子どもA 最初の方に出てたんだけど、横浜とかに行ったついでに戸部に寄ってほしい、とかも最初の方に意見で出ていたと思うんです。だから、人がたくさん来るというのも大切だと思う。
子ども あった。あった。
教師 ちょっとここが大切。みんなに考えてほしいんだけど。今、多くの人たちは私たちがやってきたＰＲムービーでどっちかというと、まちの人たちのつながりとか元気・明るさを目指してきたんだという話だったんだよね。
子ども でも、Ａさんの話は決して間違っていなくて、どっちかというと人が増えるってこともやっぱり大切だということで。間違っていない。
子ども 二面性があるんじゃないかな。活気の二面性ですよ。
子ども 活気って、二つある……。
教師 みんな分かる？ 捉え方のことで、「活気には二つある」って話なんだけど。
子ども 付け足しで、Ａさんの話がよく分かって、だったら西区の人にでも来てもらえたら、活気につながるんじゃないかなと思います。

子ども　あーっ。西区役所で紹介して。

教　師　なるほど。やっぱり、西区役所への提案につながるんだ。

子ども　遠いところだと、確かにお金とかの問題とかあって来られないかもしれないから、西区の人にだけでも来てもらえるかも。でもやっぱり、戸部の人たちがムービーを見て、戸部の人たちがムービーを見て笑顔になってくれることが大事だと思う。

教　師　戸部まちムービーが効果を発揮するのは、中の人たちということ、戸部で暮らす人たちのつながりをもっともっと活性化するということなのかな。今、Aさんが話をしてくれていて、だいぶはっきりと活気というもののイメージが見えてきたと思うんだけれど、戸部に住んでいる人たちのつながりも、外から人が入ってくることも、どちらも大切なことなんだと思うんだよね。そこでさ、今後の戸部の姿としてみんなが望んでいることってどんなことなの？

子ども　ぼくは、もともとは外をねらっていたんだけど、やってみたら笑顔とかまちの人の明るさにつながっていることが見えてきた。

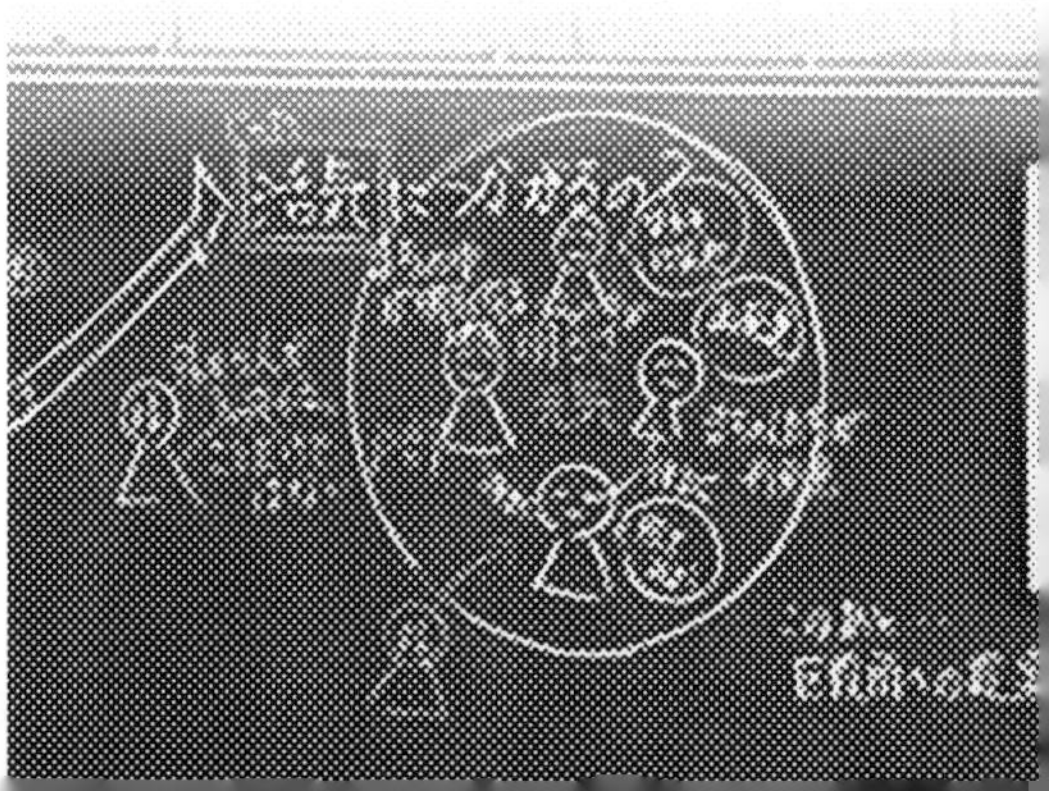

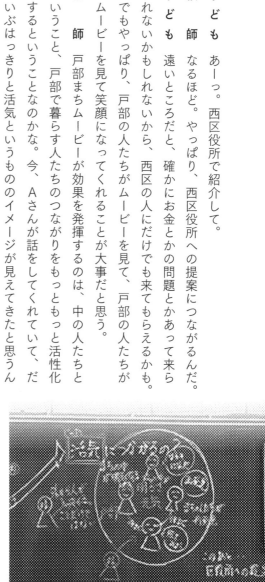

教　師　みんなが目指す活気って今はどうなってきてるの。ちょっと近くの人と話してみてもらっていい。

この場面では、Aさんの「**みんなの考えとは違うかもしれないけれど、若い人がもっと増えて、商店街が人だらけになることが活気だと思っています**」という、素朴な疑問や違和感がこの話し合いを大きく動かします。確かに、活気があると言えば、一般的には人であふれている様子を想像します。子どもたちが、一定の結論にたどり着こうとしている矢先に、こうした本音によって、「**あれ、もう一度考え直す必要があるかもしれない**」という感覚が生み出されました。

そもそも私たちは、たくさんの人に来てもらいたいと願って活動をスタートしています。Aさんは、ずっとその思いを忘れずにもっていました。この本時を迎えるに当たっても、あらかじめ「やっぱり自分は、人がたくさんあふれるまちにしたい」ということをしっかりと書いていました。Aさんは、5年生に進級したばかりの頃は、みんなと違うと感じてしまったら、その意見をなかなか話すことができない子でした。むしろ、それはAさんだけではなく、多くの子がそうだったのかもしれません。しかし、これまでの学習経験から、個人の疑問をしっかりとみんなで納得するまで話し合うことで新たな気付きが生まれることを実感し、どんなことを言っても受け止めてくれる仲間たちの存在を子どもたちはしっかりと感じていました。このときのAさんも、多くのみんなと自分の考えが違ってもしっかりと伝えることができるようになっていました。だからこそ、

「みんなはなんか、もともと住んでいる人たちが再発見すること、これを大切にしていて、私もそれも大事だし、第一だと思うんですけど、**でも、外からたくさん人が入ってくることも戸部のまちの活気だと思うんです**」

という個人の素朴な思いを本音として伝えることができたのだと思います。併せて、教師としての私は、そのAさんの発言を取り上げ、全体に返します。

「ちょっとここが大切。みんなに考えてほしいんだけど。今、多くの人たちは私たちがやってきたPRムービーでどっちかというと、まちの人たちのつながりとか元気・明るさを目指してきたんだという話だったんだよね」

このように、全体に問い返したことによって、子どもたちから「人が増えるってことはやっぱり大切で間違っていない」「活気には二面性がある」というように、Aさんの考え

は受け止められ、それぞれに解釈されていることが分かります。さらに、私は、「戸部まちムービーが効果を発揮するのは、中の人たちということ、戸部で暮らす人たちのつながりをもっともっと活性化するということなのかな。今、Aさんが話をしてくれていて、だいぶはっきりと活気というもののイメージが見えてきたと思うんだけれど、戸部に住んでいる人たちのつながりも、外から人が入ってくることも、どちらも大切なことなんだと思うんだよね。そこでさ、今後の戸部の姿としてみんなが望んでいることってどんなことなの？」

と、子どもたちが表す活気の二面性を「人が増えること」「中の人たちのつながりが活性化」することと整理した上で、みんなが戸部のまちの姿としてどんな姿を望んでいるのか問うことにしました。これは「**このまちで自分がどう生きていくのか、そして自分たちが暮らすまちがどのようになってほしいのか**」ということについて考えることができるまたとない場面だと捉えたからです。まさに、総合的な学習の時間の目標に迫ることができる機会と捉えることができると思います。

このやりとりをきっかけにして、一般論としての活気ではなく、自分たちが住む戸部のまちでの活気、すなわち「子どもたちが目指す活気ある戸部の姿」を話し合うことへと対話が深まっていきます。

このように対話が深まる鍵となったのは、やはり「本音」に他なりません。

「自明とされてきた事実は本当なのか」〈違和感〉
「本当に選ぶべきなのはどちらなんだろう」〈疑問〉
「もう一度考え直す必要があるかもしれない」〈使命感〉

第1章で述べたとおり、本音には、このような感情を引き起こす力があります。併せて、

①個人の素朴な思いが本音として表出される
②他者が本音を聞き、受け止める（解釈する）
③本音から引き起こされた違和感や疑問が、敬意をもって意見として自由に交換される
④その場に参加する者の共通の課題が言語化され、教師によって示される

こうしたプロセスを経て、論点が焦点化されることにより、次のように「活性化」という概念を拡張する対話へと話し合いはさらに深化していきます。

【グループでの話し合い後の全体共有】

教　師　じゃあちょっと、どんな話があったか教えてよ。
子ども　この班では、戸部の中の笑顔とか住んでいる人たちの交流こそが活気なのかと思っています。
子どもA　自分は両方だと思います、戸部に住んでいる人たちが笑顔でつながり、戸部って高齢化が進んでいるから、人も増える方がいいのかなと思います。
子ども　でも、その両方を戸部まちPRムービーでやるの？　ムービーが生きてくるのは、人を増やすというより、内側のつながりや笑顔の方だと思うんだけれどなぁ。
子ども　うーん。違うのかな。
子ども　違わないよ。だけど、本当に効果があることを考えると、って話。
子ども　ちょっと卵に例えてみたいんですけれど。白身が外からの人、黄身が中の人。で、白身も大事でおいしいんだけど、黄身が大事でおいしいじゃないですか。

子ども　あーっ。分かるかも。

教　師　なるほどねー。

子ども　だから、本命は黄身じゃないですか。でも、白身もしっかりと生かそう。大切にしようというイメージでいいんじゃないかなと思うんです。

子ども　付け足しなんですけど、私たちが大人になったときに、都会に出て行っちゃう人が多いじゃないですか。多分。そう。それを防ぐ、防げるというか、戸部にずっと住み続けてもらう、戸部から出て行かなくても、戸部が素敵なまちだと分かってもらってずっといてもらえるようにすること、それがPRムービーで。外からたまたま来た人はずっといてくれるわけじゃないから、ずっと活気が続くわけじゃないから、それだったら今、もともと戸部に住んでいる人たちが仲よくなったり、つながりが深くなればずっと活気がつながって、子どもも大人もずっとここに住み続けたいと思ってもらえるかもしれない。

教　師　なるほど、来た人は帰っちゃうんだ。

子ども　確かに〜。

子ども　付け足し、いいですか、アンケートでも書いてくれているんだけど。子どもを通して、地域のつながりが深まっています、というように、証拠があるんですよ。なので、中身がやっぱり大事。白身というよりは、やっぱり本命は黄身だとぼくは思うんです。

子ども　私も中の人だと思うんです。1回、このまちいいなと来てくれても、住むわけではないじゃないですか、一時期の活気なだけで、もとの戸部のまちに戻ってしまう。だから中の人たちが明るくなったり、戸部のまちの人同士がつながることが大事だと思います。

子ども　ぼくは黄身派で、やっぱり来た人

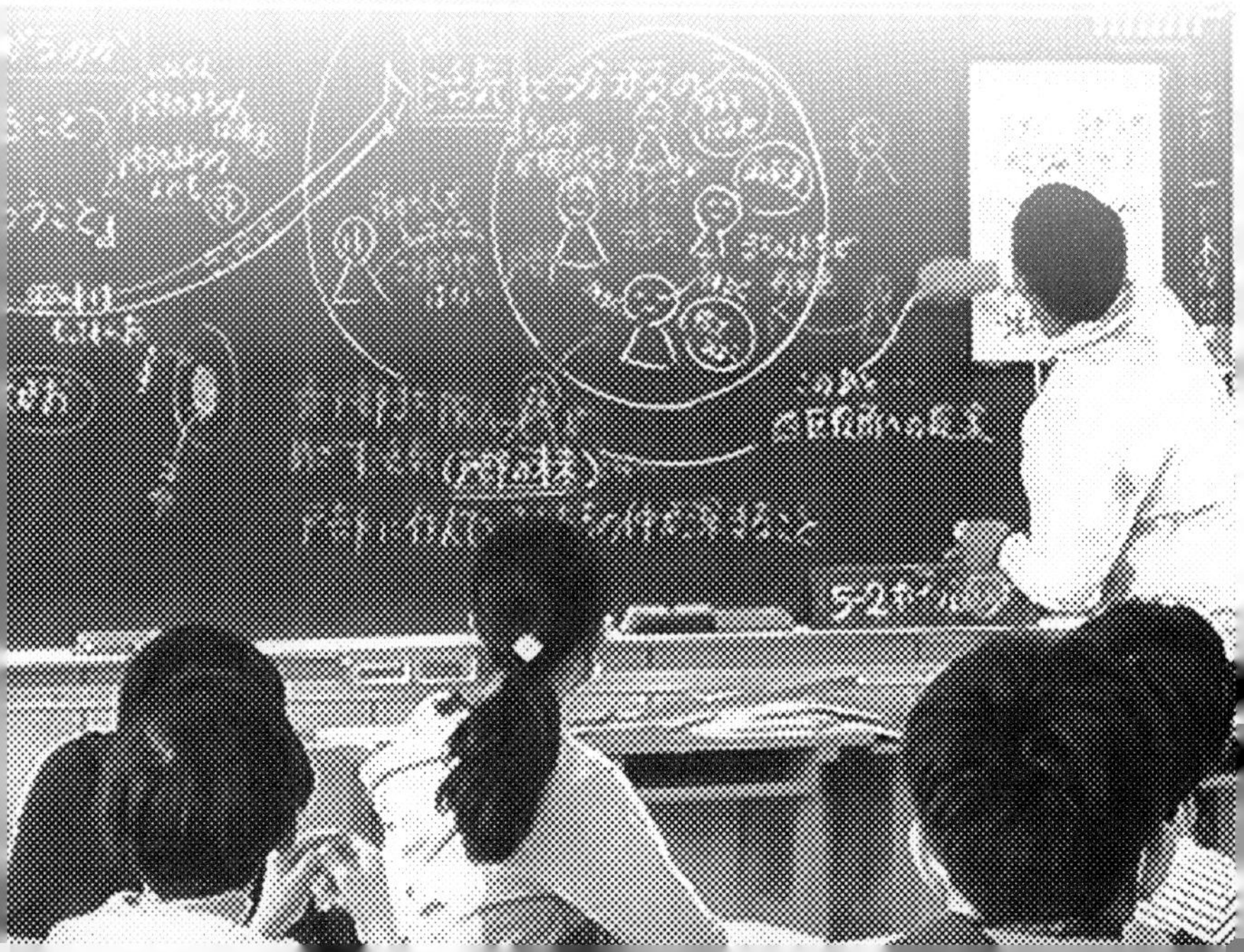

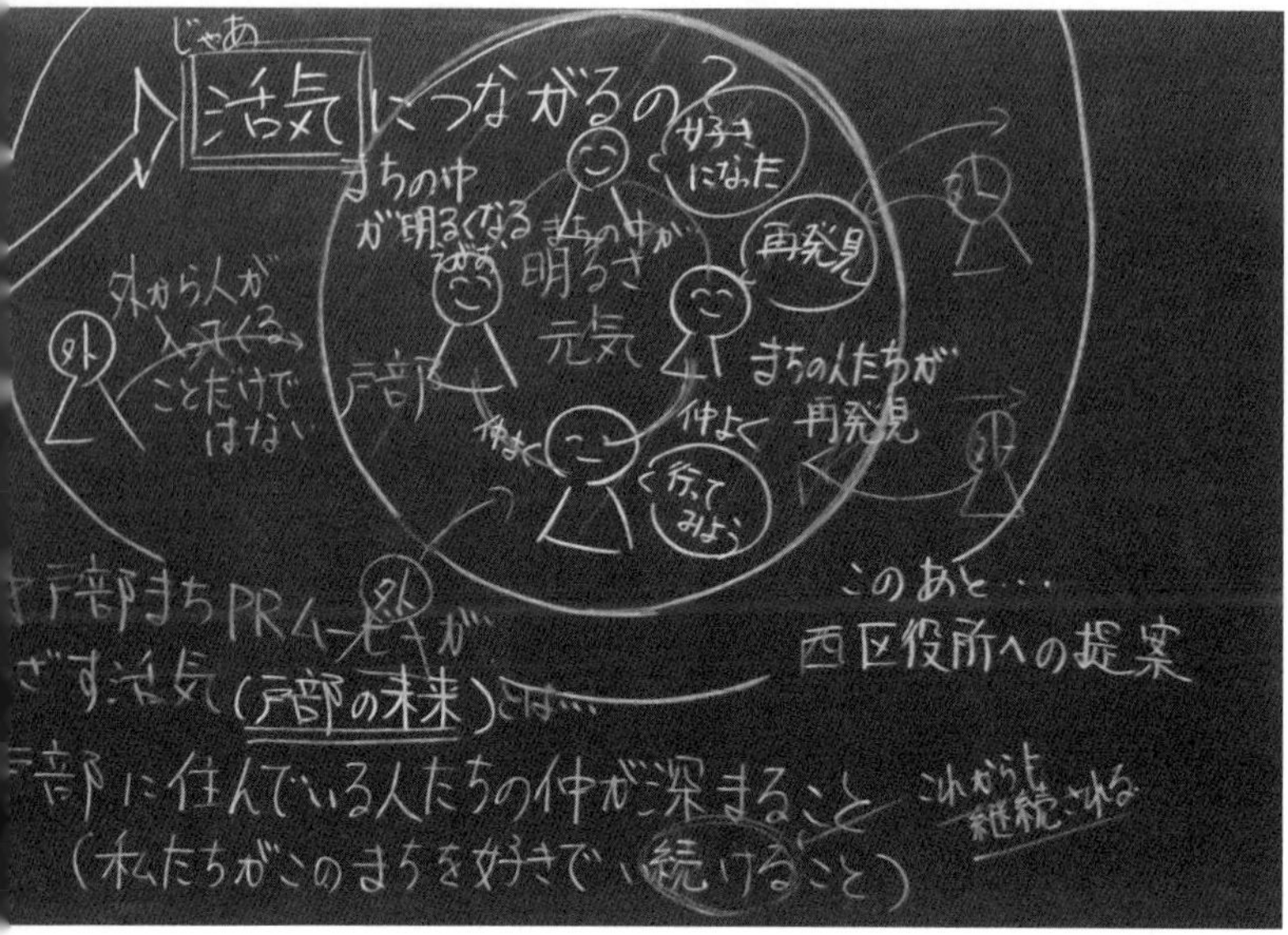

が住むとは限らないじゃないですか、戻っちゃうかもしれない。だけど、今、戸部に住んでいる人はいるじゃないですか、黄身に当たる戸部の人はすぐに行けるから、活気が長持ちする。効果が長持ちする。だからぼくたちのムービーは、黄身に対して効果があるんです。

子ども　私も同じで、卵って白身と黄身を混ぜようとしても、何度もかき混ぜてもなかなか一緒にならないじゃないですか。

子ども　あーっ、分かる。

子ども　どんなにかき混ぜても、白身が残ってしまう。だから、来た人と戸部

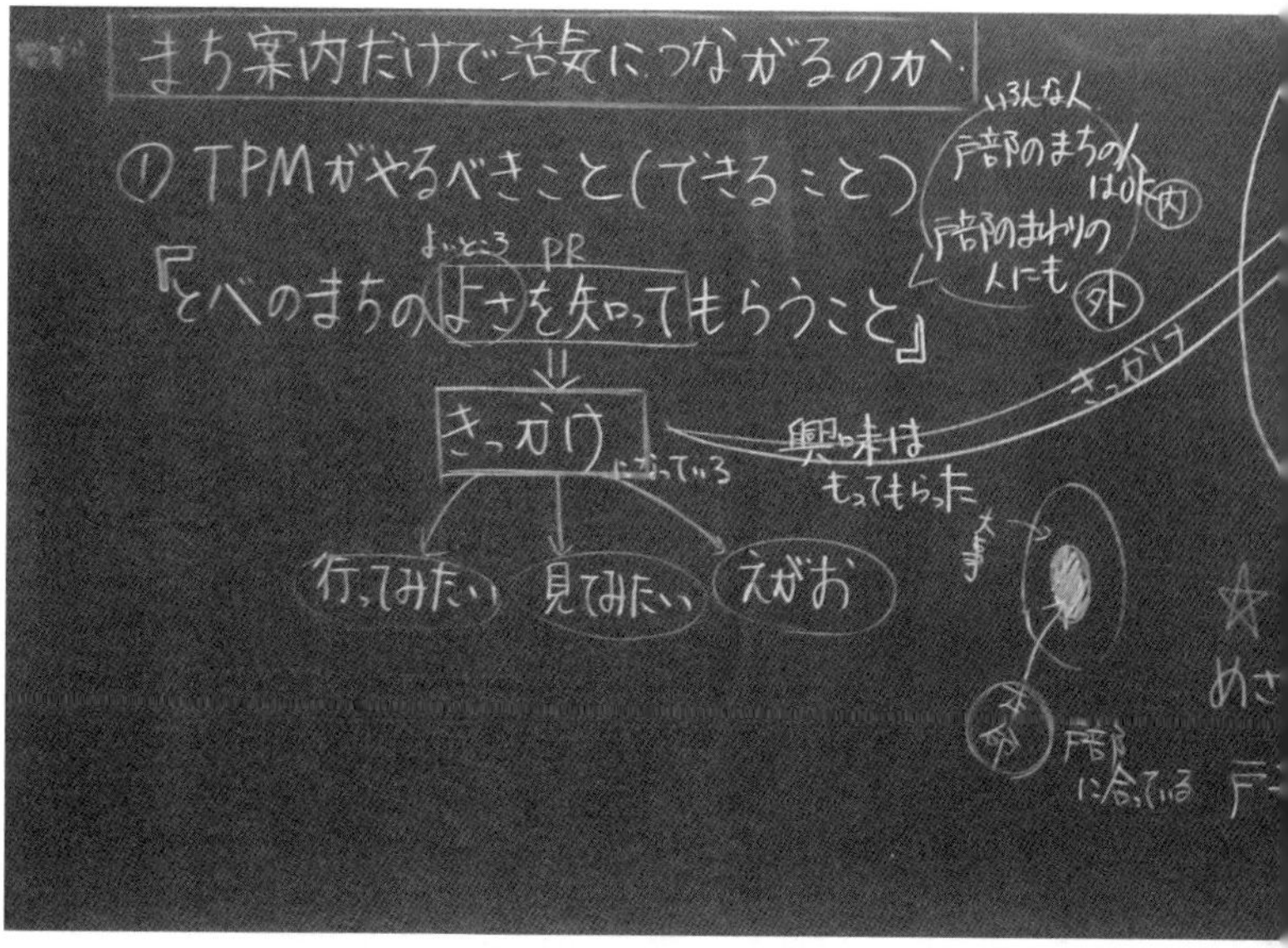

写真25　板書「まち案内だけで活気につながるのか」

の人がそんなにすぐに混ざり合うことも難しいんじゃないかと思います。ので、中から出てくる活気が合っているんじゃないかと思っています。

子ども　ぼくは、このまちはそもそもいいまちだと思っていて、高齢化が進んでいるということは、実はこのまちのよさをよく知っているからずっと残ってくれているんだと思うんです。だからそういうまちのよさを伝えていくことも大事なことだと思っています。

子ども　付け足しで、中身の人たちがいいと思ってくれたら、外の人も興味をもってくれる。中を大事にすることは、実は外に向けたPRになっていくんじゃないかな。

教　師　そろそろ時間ですがどうですか。大丈夫？

子ども　うん。かなりスッキリした。

教　師　次の時間はどうしますか。

子ども　いよいよ。外の人にも広めるためにいよいよ区役所で宣伝する計画を立てたい。

子ども　そうだね。とは言っても、外の人にも来てもらいたいしね。

子ども　ちゃんと白身も大切にして、ＰＲすることを最後にやりたい。

こうして話し合っていくことによって、地域ＰＲ動画でできることの**限界性と可能性**がはっきりと見えてきました。限界性として、よさまでは伝えることはできるけれど、本当に連れて来るところまではできないこと。だからこそ、様々なところで様々な人に見てもらう必要があること。一方、もともと住んでいる人に自分たちのまちのよさを再確認してもらう機会をこの動画が提供することができるという可能性が、新たに見えてきました。

ここで特筆すべきは、**まちを活性化するということは、二つの側面があるということに、**

子どもたちが対話の中で気付いていっているということです。活動を始めた当初は、活気というのは外から人を呼び入れることで生まれるものだと私も子どもたちも信じて活動を続けてきました。しかし、そうした側面だけではなく、活気というのは、まちの方々が改めて自分のまちを好きになったり、まちの人たち同士が結び付いたりすること、そしてもともとこのまちに住む方々の笑顔でまちがあふれることであることに気付くことができました。こうした気付きこそ、総合的な学習の時間で追い求めている概念的知識の獲得と呼ぶことができるのだと思います。**ある一方向から捉えていたことを、本音の対話を繰り返すことによって、別の方向から見つめ直し、その概念を拡張していく姿**がこの授業にはあったと思います。

このように話し合いにおいて、たとえ少数でもしっかりと疑問や迷いを解決しようとする経験を積んだ子どもたちは、将来、未知の問題を解決するという場面で、共に問題を解決する仲間を徹底的に大切にして、納得する解決方法を見つけようとするでしょう。また、解決する方法として、にぎやかさを追い求めたり、外側を美しくしたりすることだけではなく、まずは内側をしっかりと見つめ直し、本質である中身を充実させることの大切さを理解して、ミッションに立ち向かうことができると信じています。

まとめ・表現

話し合いを終え、自分たちの活動の意味や価値をより深く、多面的に捉えることができるようになった子どもたち。いよいよ活動を閉じる時期を迎えます。

1　実社会で通用する表現へ

これまで自分たちの学びの成果を動画で表現してきた子どもたち。大切に作り上げてきた地域ＰＲ動画を視聴していただいた方々のアンケートや、自分たち自身が気になっていたところを含め、最後の動画の調整を行いました。左の映像ディレクターさんの手紙の一文は、取材したり、動画を編集したりするときに子どもたちと肝に銘じてきた言葉です。

みなさんの動画はこれから全く関係ない外の世界で見てもらうようになります。初めて見る人はプロが作っていようが、小学生が作っていようが関係ありません。一つの「PR動画」として見るのです。厳しい意見にこそ真実があることがあります。

こうしたプロフェッショナルからの力のある言葉は、子どもたちの活動を本物の価値あるものとして成り立たせていく上でとても大切な道標となります。私自身は子どもたちとどんな総合の活動をするときにも、それが食品開発であろうが、ポスター制作であろうが、大人に認めてもらえる、社会に認めてもらえるものを子どもたちと作ろうと探究してきました。それは一貫して、**活動を「ごっこ」で終わらせないため**です。本当に認めてもらえるものを作り上げるためには、生半可な活動、参加姿勢ではそうした水準にたどり着くことはできません。そのプロジェクトに参加するメンバー全員の本気が不可欠です。

すべての探究のプロセスの充実の重要性は十分に理解した上で、あえて言うならば、こうした学習の成否を握るのは、「課題の設定」であると考えます。それは、探究的な学びを発展的に継続していく上で最も重要な子どもの本気を引き起こす役割を担っているからです。ただし、「課題の設定」で引き出された子どもたちの本気も、放っておかれてしま

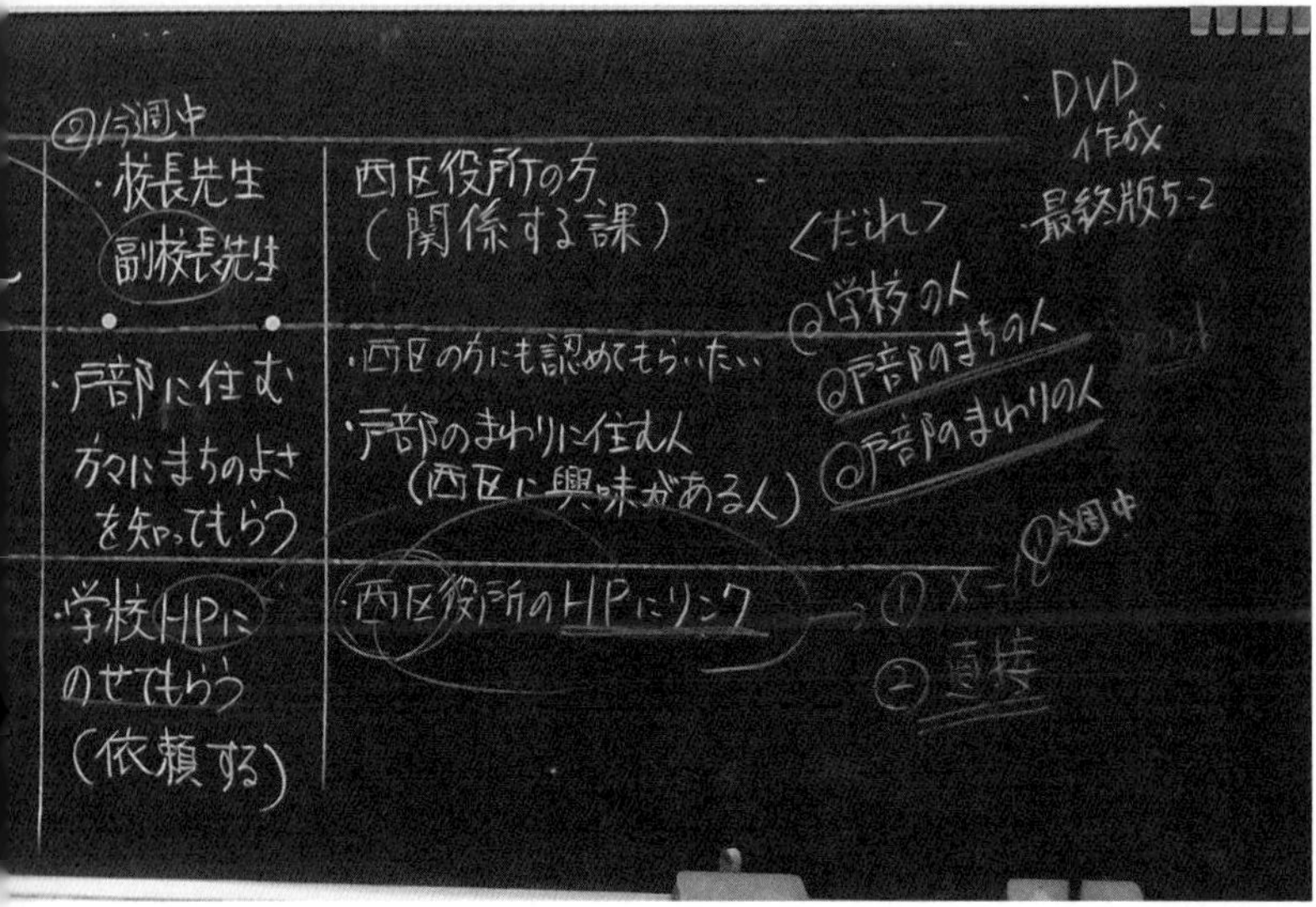

っては減退していくことは容易に想像できます。併せて、「まとめ・表現」の過程において、本物の社会で通用する表現・成果物を子どもと共に求めていくことによって、子どもたちの本気を引き出し、持続していくことができていると感じています。やっぱり、子どもは正直で、**社会から求められていること、自分たちがぎりぎり力を尽くすことによってなんとか成し遂げることができそうなものに対しては、無心に熱中して取り組むことができる**ようです。

2　実社会への発信と反応

この活動の締めくくりをどのように行う

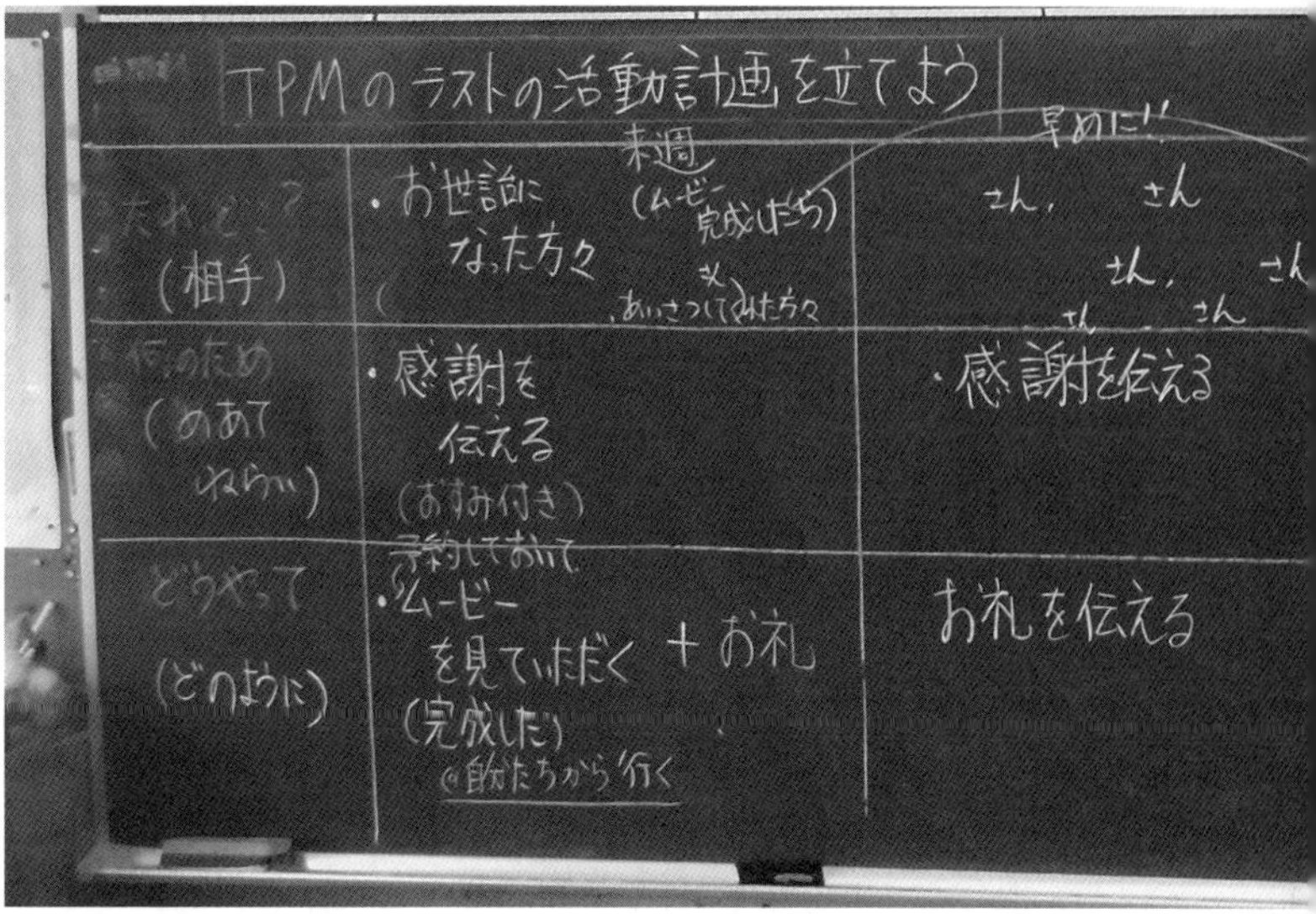

写真26　板書「とべまちPRムービーの最後の活動計画を立てよう」

のか、子どもたちと活動に入る前に、最後の計画を立てることにしました。「①誰に（対象）」「②何のために（目的）」「③どうやって（方法）」という項目で、話し合いをした結果、四つの対象と目的、方法が明確になりました。

その対象の一つは、区役所の地域振興課の方々です。目的は、これまで話し合ってきたとおり、自分たちが住むまちの周りの人に、まちのよさを知ってもらうためです。具体的には、区役所のホームページにリンクを貼ってもらうため、直接区役所に行って自分たちの活動の経緯を説明した上で、担当の方に地域ＰＲ動画を見てもらいました。

すると、「これは、本当にみんなが作ったの？」という、この上ない称賛の言葉をいただくことができました。伝えたいテーマ、画面構成、セリフの分かりやすさ等、自分たちが時間をかけて工夫してきたポイントのすべてを認めていただけました。併せて、自分たちが暮らすまちのよさを広め、活気を取り戻そうというこの取組自体の価値を大いに褒めていただきました。ホームページの掲載に加えて、区役所の館内で放送をしていただけることにもなりました。

また、取材対象となったまちの方々にも、この動画を見ていただきました。活動への協力のお礼や自分たちが活動を通して学んだことをお伝えしている中で、「みんなのような小学生がいてくれるなら、このまちは安心だよ」という、とてもうれしいリアクションをいただき、自信を高めていた子どももいました。

このように、子どもたちの活動が教室を飛び出し、本物の社会と密接につながっていくことによって、子どもたちに求められる活動のクオリティは確実に上がっていきます。しかし、それ以上に子どもたちが得ることができる充実感、手応えは増していきます。その充実感や手応えは、本物の表現を目指し、本物の場（実社会）で活動をしたからこそ得ることができたものだと言えるでしょう。

写真 27　本物の場（実社会）で成果を伝える

こうした充実感や手応えは子どもたちの自信へとつながり、次の活動への意欲やこれからのまちでの生活の仕方、さらには**自分のこれからの生き方を左右するほどの大きなきっかけ**になるものだと思います。このような社会参画への意思や自己の生き方を考える態度を総合的な学習の時間における「学びに向かう力、人間性等」と考えるのならば、「まとめ・表現」の過程においては、子どもたちの成果物は実社会へ広く発信し、その反応を次の活動への意欲へとつなげていくことが強く求められると言えます。

まとめ・表現で大切にすることは、

○実社会で通用する本物の成果物をつくり上げることを目指す
○子どもたちの成果物は実社会に広く発信し、その反応を次の活動への意欲へとつなげる

文字で本音を伝え合うこと

探究的な学習における様々な話し合いの場面で、重要な役割を担っていたのは、子どもたちの素朴な疑問や違和感です。そうした「本音」をきっかけとして、**クラスの多くのメンバーが当然だと考えていたことを、改めて違う角度から検討する機会**をもつことができるようになります。

そして、一人ひとりの考えを決して疎かに扱うことなく、自分たちの目標の達成に向けて諦めずに全員で考え抜くことで、必ずブレークスルーが起こります。そうした、それぞれのクラスで展開されるかけがえのないストーリーの中で、子どもたちはこれからの人生で必ず役に立つ資質・能力を身に付けていくことができるのだろうと信じています。

最後に、本音の価値を理解し、本音を大切にできる子どもたちの姿を紹介したいと思います。第2章39ページで紹介した新潟の6年生の、地域のご高齢の方々の孤立問題に対して、感染症対策に十分配慮した上で地域の交流会を開催した取組です。２０２０年12月の後半に、２回目の交流会を行うかどうかについて話し合いました。話し合いは、新型コロナウイルス感染症の感染拡大の様子を考慮して、２回目を行わない方向へと進んでいきました。

子ども　先生、今日はもしかすると本当は、２回目をやりたかったけれど話せなかった人がいるかもしれない。

子ども　うん。なんか、２回目はやらないという方向で話がどんどん進んでしまって、やりたいという人の話を聞くことができなかったと思う。

子ども　でも、今からやりたいと思っている人に話してもらうのって、自分だったらすごく話しづらいと思うんだけど。

教　師　うん。確かに、今日はずっと２回目をやらないで、開催の仕方を広めていくという方向で話し合いが進んでたよね。話したかったのに……という人もいたのかもしれない。どうしたらいいかな。

子ども　でも、やっぱりその人たちだけに今の状況で言ってもらうのは、しんどいかも。

子ども　全員で、今の自分の考えを書いて、それを読み合うのはどうかな。

子ども　全体が決まりかけているのに、そこで違うことを言うのはすっごく勇気がいるけれど、書いて読んでもらうことなら、できるかも。

教　師　おっ。素敵なアイディアありがとう。じゃあ、私からも提案で、今の自分の考えを書くときに、まずはこの話し合いが始まる前の自分の立場、そして話し合いを終えた自分の立場を書くようにしてもらっていいかな。そうすることで、今の話し合いの流れに納得できているのか、そうじゃないのかが読んで分かると思うんだ。

子ども　いいと思います。それなら、本当に思っていること、書けると思う。

この後、子どもたちは自分の考えを書き、それを翌日、読み合いました。話し合いに参加する前は、2回目を開くべきだと考えていた数名の子どもたちは、話し合いの過程で、2回目は開催せずに交流会の大切さやコロナ禍における安全な実施方法を地域の方々に広める方がよいと考えていることが分かりました。子どもたちが全員の記述を読んだ上で、少人数グループで、今の自分の考えを話し合った後、それを全体で共有しました。この話し合いを経て、自分たちが1回目の交流会で行った内容を地域の交流会を運営している

写真28　全員の記述を読んだ上で、少人数グループで話し合う

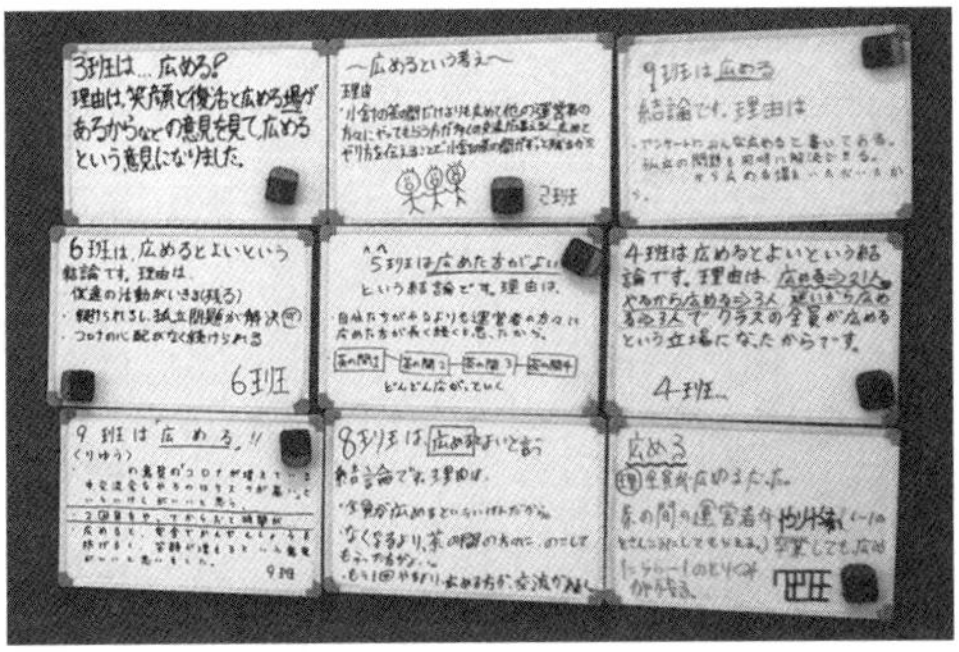

写真29　全体共有　交流をもう一度行うべきか？　広めるべきか？

少人数グループで話し合った結果とその理由をホワイトボードに記録して、貼り出し、全体共有を行った。全てのチームが、自分たちの活動や思いを「広める（交流会の大切さや安全な実施方法を伝える）」という選択をしていることが分かる。

方々に聞いていただき、今後も交流会を継続していただくことを目的にした活動を選択しようという結果となりました。

私自身、この6年生の子どもたちと出会うまで、本音とは、言葉による「でもね」とか「実は」という「語り」によって表出されるものだと思い込んでいました。しかし、この経験から、**音声言語に限らないこと、そして本音は文字言語だとしてもお互いの意見の納得を生み出すためのしっかりとした材料になること**が分かりました。

また、子どもたちは話し合いをする上で、お互いの本音、本当の気持ちを知りたがっていることもよく伝わってきました。そうした子どもたちは、本音によって自分たちの納得が生まれ、その納得した解決策こそが、現在の状況における最も適切な方法だと知っているのだと思います。

引用・参考文献

○文部科学省関連資料等

・中央教育審議会「幼稚園、小学校、中学校、高等学校及び特別支援学校の学習指導要領等の改善及び必要な方策等について（答申）」２０１６年12月21日
・中央教育審議会「幼稚園、小学校、中学校、高等学校及び特別支援学校の学習指導要領等の改善及び必要な方策等について（答申）別添資料」２０１６年12月21日
・中央教育審議会「『令和の日本型学校教育』の構築を目指して～全ての子供たちの可能性を引き出す、個別最適な学びと、協働的な学びの実現～（答申）」２０２１年１月26日
・文部科学省『小学校学習指導要領（平成29年告示）』東洋館出版社、２０１８年２月
・文部科学省『小学校学習指導要領（平成29年告示）解説　総則編』東洋館出版社、２０１８年２月
・文部科学省『小学校学習指導要領（平成29年告示）解説　生活編』東洋館出版社、

２０１８年２月
・文部科学省『小学校学習指導要領（平成29年告示）解説　総合的な学習の時間編』東洋館出版社、２０１８年２月
・文部科学省『小学校学習指導要領英訳版（仮訳）』２０２０年10月
・文部科学省『「指導と評価の一体化」のための学習評価に関する参考資料【小学校　総合的な学習の時間】』東洋館出版社、２０２０年６月
・文部科学省『「指導と評価の一体化」のための学習評価に関する参考資料【小学校　生活】』東洋館出版社、２０２０年６月
・文部科学省『生活科・総合的な学習（探究）の時間の指導におけるＩＣＴの活用について』２０２０年９月
・文部科学省教育課程課／幼児教育課編『初等教育資料』東洋館出版社、２０２０年２月号
・文部科学省教育課程課／幼児教育課編『初等教育資料』東洋館出版社、２０２０年８月号

○その他

・阿部利彦、赤坂真二、川上康則、松久眞実『人的環境のユニバーサルデザイン』東洋館出版社、2019年
・小川雅裕『授業のビジョン』東洋館出版社、2019年
・関西大学初等部『関大初等部式　思考力育成法ガイドブック』さくら社、2015年
・澤井陽介『授業の見方―「主体的・対話的で深い学び」の授業改善―』東洋館出版社、2017年
・白松賢『学級経営の教科書』東洋館出版社、2017年
・田村学、黒上晴夫『考えるってこういうことか！「思考ツール」の授業（教育技術MOOK）』小学館、2013年
・田村学『授業を磨く』東洋館出版社、2015年
・田村学『カリキュラム・マネジメント入門―「深い学び」の授業デザイン。学びをつなぐ7つのミッション。―』東洋館出版社、2017年
・田村学『深い学び』東洋館出版社、2018年
・東洋館出版社編『ポスト・コロナショックの学校で教師が考えておきたいこと』東洋館

出版社、２０２０年
・奈須正裕『「資質・能力」と学びのメカニズム』東洋館出版社、２０１７年
・奈須正裕編著『教科の本質を見据えたコンピテンシー・ベイスの授業づくりガイドブック―資質・能力を育成する15の実践プラン―』明治図書出版、２０１７年
・奈須正裕編著『ポスト・コロナショックの授業づくり』東洋館出版社、２０２０年
・ピョートル・フェリクス・グジバチ『世界最高のチーム―グーグル流「最少の人数」で「最大の成果」を生み出す方法―』朝日新聞出版、２０１８年
・平野朝久『はじめに子どもありき―教育実践の基本―』東洋館出版社、２０１７年
・横浜市立戸部小学校『平成30年度研究紀要―総合的な学習の時間・生活科　第45集』２０１８年

○映像資料

・ＮＨＫ　Ｅテレ「みんなのｃｈ！　スペシャル　新型コロナに負けない！　オンラインで探究した2か月の挑戦」
https://www2.nhk.or.jp/school/movie/bangumi.cgi?das_id=D0005180414_00000

おわりに

本書を執筆するに当たって、これまでの実践における子どもたちとの学びを、映像資料や写真、当時の授業記録を手がかりに、文字に起こして再現することから始めました。膨大な資料を分析的に見ていくと、授業における子どもたち同士のつながり、自分自身が当時気付けなかった対話の内容の深さに改めて何度も感動しました。併せて、授業を行う教師としての自身の振る舞いや言動についても、新たな発見がありました。

第3章の254ページから紹介している地域PR動画の授業（2度目の話し合い）が始まる直前、私たちはこんなやりとりをしていました。

教　師　今日の授業、あなたがたの結論によっては×《かける》ゼロになってしまうんだよね。
子ども　あーっ。
教　師　総合ってさ、道のりがあって、今までの道のりを全部自分たちで選択してきたでしょ。

子ども　うん、うん。

教　師　だから、今日、あなたがたがゼロを選択したら、ゼロになるんだ。で、この先の総合の在り方とか未来を、ちょっとかっこいいことを言っているようだけど、未来を選択するのはあなたがたで、ゼロを選択するのか、それが×2になるのか、×3になるかは、みんなが選んでくれればいいと思っています。どういう結論になるのかは、本当にみんな次第なんだ。みんなも心を整えて。では、始めましょう。

これはつまり、「自分たちの地域PR動画がまちの活性化に『つながっていない』という結論を選ぶことも当然できる。それは、これまで積み重ねてきたことに『ゼロ』をかけて、成果をゼロ（なかったこと）にしてしまうということであって、みんなはそれを選ぶこともできる」ということを伝えているのです。加えて、「自分たちが活動の意味を捉え直すことによって、成果は2倍、3倍にもなっていく可能性がある」ということも伝えていきました。

そしてこの後、「地域PR動画がまちの活気につながるのか」という話し合いが始まりました。改めて見てみると、この授業前のやりとりは、**私自身の覚悟、子どもの覚悟、お**

互いの本気を確かめようとしているんだと思います。そうしたお互いの覚悟の上に、「最終的には主人公であるみんなが自分たちの活動の意味や価値を見つけてほしい」と願い、「自分たちの活動の価値を再発見する時間を一緒につくろう」ということを呼びかけたかったのだと思います。

すべての子どもが探究の主人公となり、本音で語り合うクラスを目指すとき、学び方や関係づくり、お互いの願いを共有していくことともに、教師と子どもの「自分たちのクラスや活動、まちを自分たちの手でよりよくしていくんだ」という覚悟こそ、実は欠かすことができないものなのかもしれないと改めて感じています。

2021年2月　小川雅裕

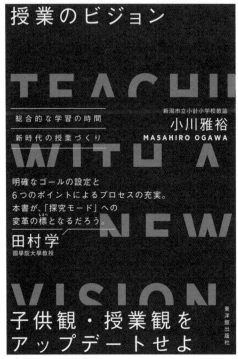

著者紹介

小川雅裕（おがわ・まさひろ）

新潟市立小針小学校教諭。上越教育大学大学院修了後、横浜市立六浦南小学校教諭、横浜市立戸部小学校教諭を経て2018年4月より現職。地域参画をキーワードに、総合的な学習の時間の研究を進める。NHK　Eテレ『ドスルコスル』番組企画協力委員、文部科学省「小学校におけるカリキュラム・マネジメントの在り方に関する検討会議」協力者、「小学校段階における論理的思考力や創造性、問題解決能力等の育成とプログラミング教育に関する有識者会議」委員などを務める。主著に『授業のビジョン』(東洋館出版社)。

すべての子どもを探究の主人公にする

本音で語り合うクラスづくり

2021（令和3）年3月10日　初版第1刷発行

著　者　**小川雅裕**

発行者　**錦織圭之介**

発行所　**株式会社東洋館出版社**

〒113-0021 東京都文京区本駒込5丁目16番7号

営業部　TEL：03-3823-9206

　　　　FAX：03-3823-9208

編集部　TEL：03-3823-9207

　　　　FAX：03-3823-9209

振　替　00180-7-96823

U R L　http://www.toyokan.co.jp

装幀・装画　**惣田紗希**

印刷・製本　**藤原印刷株式会社**

ISBN978-4-491-04379-1　　Printed in Japan